Entwicklung
nach früher Traumatisierung

herausgegeben von
Lisa Koch-Kneidl und Jörg Wiesse

Mit einer Abbildung und drei Tabellen

Band 23

Vandenhoeck & Ruprecht

# PSYCHOANALYTISCHE BLÄTTER

Herausgegeben von Wilhelm Burian, Wien; Susann Heenen-Wolff, Brüssel; Louis M. Tas, Amsterdam; Jörg Wiesse, Nürnberg.
Unter Mitarbeit von Eva Weinstock-Kroczek.

Band 1:	Aggression am Ende des Jahrhunderts herausgegeben von Jörg Wiesse
Band 2:	Ererbte Traumata herausgegeben von Louis M. Tas und Jörg Wiesse
Band 3:	Die Zukunft der Psychoanalyse herausgegeben von Wilhelm Burian
Band 4:	Geschlecht und Gewalt herausgegeben von Margarete Berger und Jörg Wiesse
Band 5:	Selbstmystifizierung der Psychoanalyse herausgegeben von Berthold Rothschild
Band 6:	Altern und Psychoanalyse herausgegeben von Hartmut Radebold
Band 7:	Psychoanalyse und Körper herausgegeben von Jörg Wiesse und Peter Joraschky
Band 8:	Psychoanalytischer Rahmen, Ethik, Krisis – französische Perspektiven herausgegeben von Susann Heenen-Wolff

Die Bände können einzeln bezogen oder zur Subskription bestellt werden – dann ermäßigt sich der Preis um 10%.

Bibliografische Information Der Deutschen Bibliothek

Die Deutsche Bibliothek verzeichnet diese Publikation in der Deutschen Nationalbibliografie; detaillierte bibliografische Daten sind im Internet über <http://dnb.ddb.de> abrufbar.

ISBN 3-525-46022-8
© 2003 Vandenhoeck & Ruprecht, Göttingen.
http://www.vandenhoeck-ruprecht.de
Printed in Germany. – Das Werk einschließlich aller seiner Teile ist urheberrechtlich geschützt. Jede Verwertung außerhalb der engen Grenzen des Urheberrechtsgesetzes ist ohne Zustimmung des Verlages unzulässig und strafbar. Das gilt insbesondere für Vervielfältigungen, Übersetzungen, Mikroverfilmungen und die Einspeicherung und Verarbeitung in elektronischen Systemen.
Satz: Text und Form, Garbsen
Druck und Bindearbeiten: Hubert & Co., Göttingen

Inhalt

Vorwort 5

Peter Riedesser, Michael Schulte-Markwort, Joachim Walter
Entwicklungspsychologische und psychodynamische
Aspekte psychischer Traumatisierung von Kindern
und Jugendlichen 9

Gerald Hüther
Die Auswirkungen traumatischer Erfahrungen im
Kindesalter auf die Hirnentwicklung 25

Angelika Holderberg
Umgang mit dem Trauma – Beispiele unterschied-
licher Konzeptionen 39

Ursula Volz
„Ich bin wieder ein Mensch" – Psychoanalyse
des frühen Kindheitstraumas 65

Kai von Klitzing
Die Folgen früher Traumatisierungen –
Eine entwicklungspsychologische Perspektive 82

Shlomith Cohen
Trauma und Entwicklungsprozeß – aus der Analyse
eines adoptierten Kindes 96

Die Autorinnen und Autoren 120

Vorwort

In der Geschichte der Psychoanalyse legte Freud 1895 seiner frühen Neurosentheorie noch eine traumatische Genese zugrunde. In den Studien zur Hysterie wurde der Begriff des psychischen Traumas erstmals von ihm beschrieben als das Trauma der sexuellen Verführung in der Kindheit, als reales Trauma, das die hysterische Erkrankung bedingt.

Wenige Jahre später wurde die Bedeutung des Traumas von Freud relativiert, er rückte die unbewußten Konflikte in den Mittelpunkt der Neurosenentstehung, glaubte die neurotischen Anfänge in der frühkindlichen Sexualität und der unzureichenden Bewältigung des Ödipus-Komplexes. Damit verwarf er die Verführungstheorie, was ihm vor allem in den letzten Jahrzehnten viel Kritik eingebracht hat.

Die reale Traumatisierung gewann in der Freudschen Theoriebildung unter dem Einfluß des Kriegsgeschehens im Ersten Weltkrieg wieder mehr an Bedeutung. In „Hemmung, Symptom und Angst" (1926) stellte Freud die völlige Hilflosigkeit des Ich bei unerträglicher Erregung als das Wesentliche einer traumatisierenden Szenerie dar. Das Ich werde von einem äußeren überwältigenden Ereignis unvorbereitet und plötzlich getroffen und dabei in seiner Funktionsfähigkeit in dem Maß eingeschränkt, wie es von Angst überflutet wird.

Freud hat damit ein Modell zur Verfügung gestellt, das ein Zusammenwirken von individuellem Erleben und einem belastenden äußeren Ereignis beschreibt. In seiner Nachfolge wurde die Freudsche Traumatheorie besonders durch ichpsychologische und objektbeziehungstheoretische Aspekte erweitert.

Auch heute berücksichtigt die psychoanalytische Traumatologie den Zusammenhang zwischen dem äußeren Geschehen und der individuellen inneren Verarbeitung, zu der, meist im Dienst der Abwehr zu verstehen, auch die Phantasiebildung gehört.

Vieles hat dazu beigetragen, daß das Trauma in Psychoanalyse und Psychotherapie mehr und mehr diskutiert wird. Die extrem traumatischen Erfahrungen im Holocaust und die Behandlung von Überlebenden und deren Kindern vermittelten die Erkenntnis, daß traumatisierende Erfahrungen dieses Ausmaßes tief und anhaltend in das Leben von Erwachsenen und Kindern eindringen. Hans Keilson und Judith Kestenberg, um nur zwei von vielen Erforschern des man made disasters zu nennen, haben die vielfältigen transgenerationalen Auswirkungen für den einzelnen, für die Familie und für die Gesellschaft untersucht.

Die kritische Auseinandersetzung mit den Herrschaftsstrukturen unserer Gesellschaft und der damit verbundenen Gewalt gegen Frauen und den sexuellen Mißbrauch von Kindern ließ die Verführungstheorie Freuds als reales Abbild der wirklichen Verhältnisse verstehen. Fortschritte der Kognitionswissenschaften ermöglichten neue Erkenntnisse über die Speicherung traumatischer Erfahrungen.

Entwicklungen innerhalb der Neurobiologie und die Rezeption neuer entwicklungspsychologischer Forschungsergebnisse, besonders aus dem Bereich der Säuglings- und Kleinkindforschung, führten zur Wiederbelebung der Debatte um historische Realität und subjektive psychische Realität im Erinnerungsprozeß.

Das Spektrum an Traumatisierungen im Kindesalter, wie auch daraus resultierende Folgen, ist groß. Neben den Belastungen durch Krieg, Verfolgung und Flucht begegnet uns Traumatisierung bei Kindern in Form von Vernachlässigung, Zurückweisung und Ablehnung. Kinder werden Opfer von körperlicher Gewalt und sexuellem Mißbrauch oder erleiden Traumata durch schwere körperliche Erkrankungen oder durch den Tod naher Bezugspersonen. Innerpsychisch kann kindliche Traumatisierung zur nachhaltigen Beschädigung der Objektrepräsentanzen führen, die sich in

Vorwort

ihrer Wirkung in Somatisierung, Alpträumen und unsicheren Bindungsmustern zeigen.

Generelle Aussagen über das Ausmaß und die Folgen von Kindheitstraumata zu machen scheint jedoch schwieriger, da die individuelle kindliche Entwicklung als Prozeßgeschehen zu verstehen ist, wesentlich gekennzeichnet von regressiven und progressiven Bewegungen, wo neben konstitutioneller Ausstattung auch individuelle Schutz- und Risikofaktoren entscheidend Einfluß auf die kindliche Entwicklung nehmen. Wann ein belastendes Ereignis zum Trauma wird, ist nach Shengold (1989) vom Ausmaß und der Schwere des Ereignisses, dem Zeitpunkt seines Auftretens sowie den dem Kind zur Verfügung stehenden Schutzfaktoren abhängig. Nur am Individuum selbst kann nachvollzogen werden, wie traumatische Ereignisse die weitere kindliche Entwicklung und Lebensgeschichte beeinflußt haben. Unter welchen Umständen werden wichtige Entwicklungsschritte gehemmt, wann kommt es zu Störungen des Erlebens und Verhaltens oder zu psychischen Erkrankungen wie Borderline-Störungen, die im Zusammenhang mit traumatischen Erfahrungen diskutiert werden?

In der Untersuchung einer Arbeitsgruppe unter der Leitung von Joseph Sandler am Sigmund-Freud-Institut in Frankfurt in den achtziger Jahren zeigte sich, daß verschiedene Dimensionen des Traumas und deren Wechselspiel nur ungenau unterschieden wurden und deshalb zwischen dem Prozeß der Traumatisierung, dem traumatischen Zustand des Individuums und bleibenden pathologischen Veränderungen differenziert werden muß. Unmittelbare Folgen des Erlebens traumatisierender Situationen können pathologisch oder pathogen sein, müssen es aber nicht.

Traumatisierungen im Kindesalter, so eine wesentliche Erkenntnis psychoanalytischer Theoriebildung, können zu psychischen Erkrankungen führen, die häufig erst lange Zeit nach der Traumatisierung in Erscheinung treten. So konzentriert sich die psychotherapeutische Forschung verstärkt darauf, Methoden zu entwickeln, Folgen kindlicher Traumatisierungen vorzubeugen oder sie effektiv zu behandeln.

Die Diskussion um Trauma und Konflikt in der psychoanalytischen Theoriebildung, die Diskussion um Konfrontation mit dem Trauma oder seine Integration im therapeutischen Prozeß beschäftigt uns, und sie hat einiges verändert in unserem Verstehen und therapeutischen Tun bei Kindern mit traumatischen Erfahrungen und Erwachsenen, die als Kinder oder in ihrem Erwachsenenleben Traumata ausgesetzt waren.

Lisa Koch-Kneidl
Jörg Wiesse

Literatur

Freud, S. (1926): Hemmung, Symptom und Angst. G. W. Bd. XIV. Frankfurt a. M.
Shengold, L. (1989): Soul Murder. The Effects of Childhood Abuse and Deprivation.

*Peter Riedesser, Michael Schulte-Markwort,
Joachim Walter*

Entwicklungspsychologische und psychodynamische Aspekte psychischer Traumatisierung von Kindern und Jugendlichen

Psychische Verletzungen sind, anders als körperliche, in der Regel unsichtbar. Das mag einer der Gründe dafür sein, daß es der Psychotraumatologie, der Lehre von der Entstehung, Diagnostik und Therapie seelischer Verletzungen, erst nach mehreren Anläufen gelungen ist, sich am Ende des vergangenen Jahrhunderts in den USA und in Deutschland zu etablieren. Dabei gibt es zahlreiche Parallelen zwischen physischen und psychischen Traumata: Körperliche Verletzungen können zu Brüchen oder Behinderungen von unterschiedlichem Schweregrad und unterschiedlicher Dauer oder zu überschießenden Gewebsreaktionen bei der Narbenbildung führen. Analog können auch schwere seelische Verletzungen zum Zusammenbruch psychischer Funktionen, zu pathologischen Reaktionen, psychosozialen Behinderungen und lang anhaltenden Symptombildungen führen. Besonders gravierend sind derartige Folgen, wenn die Verletzung in der Kindheit stattfindet.

Dennoch herrschte in der Medizin über viele Jahrzehnte eine Blindheit für psychische Traumata von Kindern, die erst in jüngerer Zeit einer neuen Sensibilität und einem wachsenden Wissen über die Verletzlichkeit der kindlichen Psyche Platz gemacht hat. Zwar hatte Sigmund Freud schon vor über einem Jahrhundert als Ursache für die sogenannte weibliche Hysterie eine Traumatisierung des Kindes durch sexuellen Mißbrauch angenommen, diese These aber später modifiziert; viele Autoren konzentrierten sich danach nur noch auf die subjektive Welt der Phantasie und vernachlässigten über lange Zeit die differenzierte Erforschung realer traumatischer Situationen wie Mißhandlung oder sexuellen Mißbrauch. Wir können dies als professionelle Trauma-Blindheit bezeichnen, die zwar deutlich zurückgegangen ist, aber in vielen Bereichen bis zum heutigen Tag zu beobachten ist. Über Jahrzehnte hat man die Verletzung von Kinderseelen durch Hospitalisierung in Säuglingsheimen und Krippen, durch körperliche Mißhandlung, sexuellen Mißbrauch, aber auch durch rigide Einschränkung der Besuchsmöglichkeiten in Kliniken sowie diagnostische und therapeutische Überfälle auf unvorbereitete und unbegleitete junge Patienten „übersehen".

In jüngerer Zeit ist mancher in das andere Extrem verfallen: Durch inflationäre Anwendung des Begriffs „Trauma" auf fast jegliche größere psychische Belastung eines Kindes oder Jugendlichen ist man in Gefahr geraten, diesen klinisch und wissenschaftlich unfruchtbar zu machen.

Die seelischen Verletzungen, die Kinder erleiden, die von ihren Eltern oder anderen nahen Bezugspersonen vernachlässigt, mißhandelt oder sexuell mißbraucht werden, zählen zu den schwersten überhaupt; es gibt zudem noch zahlreiche andere Möglichkeiten der Traumatisierung von Kindern. Sie sind in Tabelle 1 systematisch zusammengefaßt. Das Traumatisierungspotential dieser Ereignisse nimmt innerhalb der Tabelle von oben nach unten zu, das heißt, von Menschen verschuldete Unfälle haben ein höheres Potential, ein Kind seelisch zu verletzen, als Naturkatastrophen, jedoch ein geringeres als Kriegsgreuel oder Aggressivität oder Mißbrauch innerhalb der Familie.

Es gibt eine Reihe von zum Teil stark voneinander abweichenden Definitionen des Traumabegriffs. Als wissenschaftlich und klinisch fruchtbar erwiesen hat sich die Definition von Fischer et al. (1999) als „vitales Diskrepanzerlebnis zwischen bedrohlichen Situationsfaktoren und individuellen

Tabelle 1: Möglichkeiten von Traumatisierungen

Naturkatastrophen *(natural disasters)*
- Erdbeben
- Vulkanausbürche
- Hurrikans
- Überschwemmungen

von Menschen hervorgerufene Katastrophen *(man-made disasters)*
- technische Katastrophen:
  Verkehrsunfälle (Auto, Schiff, Zug, Flugzeug)
  Großbrände und ökologische Katastrophen, z. B. Kernkraftunfälle
- Katastrophen als Folge menschlicher Aggressivität und Grausamkeit:
  Geiselnahme, Kidnapping, Terrorismus, Folter, Vergewaltigung, Krieg Genozid

Katastrophen innerhalb der Familie
- emotionaler, körperlicher und sexueller Mißbrauch, massive Vernachlässigung
- Erleben schwerer Gewalttätigkeit
- schwere Trennungserlebnisse
- schwere eigene und fremde Erkrankungen, Tod von Eltern

Bewältigungsmöglichkeiten, welches mit dem Gefühl der Hilflosigkeit und schutzlosen Preisgabe einhergeht und so eine dauerhafte Erschütterung von Selbst- und Weltverständnis bewirkt."

Ein Trauma wird hier also als ein Angriff auf die gesamte biologische, psychische und soziale Existenz gesehen, der schon beim Säugling zu einer dauerhaften Dysfunktion nicht nur im intrapsychischen und interpersonellen Bereich führen, sondern auch neurobiologische Veränderungen bewirken kann (Hüther 2001).

⚛ *Peter Riedesser, Michael Schulte-Markwort, Joachim Walter*

Was für ein Kleinkind traumatisierend sein kann, zum Beispiel eine abrupte, längerfristige Trennung von den zentralen Bezugspersonen, ist für einen Adoleszenten zu bewältigen; was für einen Jugendlichen traumatisierend sein kann, zum Beispiel Zeuge eines Massakers zu werden, ist für einen Säugling nicht belastend, sondern fällt mangels kognitiver Wahrnehmungsmöglichkeiten ins „affektive Nichts", sofern die engsten Bezugspersonen psychisch kompensiert bleiben und dem Kind, das auf positives „social referencing" angewiesen ist, keine lang dauernde Depression oder Panikzustände vermitteln. Zu berücksichtigen sind auch vorhergehende traumatische Erfahrungen, die Sollbruchstellen für spätere Zusammenbrüche bilden können. Neben solchen Risikofaktoren sind auch protektive Aspekte, etwa im Charakter des Kindes oder in einer zumindest teilweise schützenden Umwelt, zu berücksichtigen.

Ob ein Ereignis auf ein Kind traumatisierend wirkt oder nicht, hängt also von einer Reihe von Faktoren ab. Die beiden wichtigsten sind der Stand der kognitiven, emotionalen und sozialen Entwicklung des Kindes und die Konstellation der traumatischen Situation, aber auch das Vorhandensein protektiver Faktoren und postexpositorische Einflüsse bestimmen die traumatische Reaktion mit.

Ein Kind kann durch ein einmaliges Ereignis (Typ I oder „Schocktrauma" nach Terr 1995) oder durch ein komplexes Geschehen über einen längeren Zeitraum (Typ II nach Terr) traumatisiert werden. Die Traumatisierung kann kumulativ erfolgen (Khan 1963), indem mehrere Ereignisse auf das Kind einwirken, von denen jedes für sich genommen nicht unbedingt traumatische Auswirkungen gehabt hätte, die aber in ihrer Gesamtheit eine seelische Verletzung verursachen; Keilson (1979) hat die „sequentielle Traumatisierung" verfolgter Kinder beschrieben, bei der die zeitliche Abfolge einzelner Traumata und deren Einfluß auf die Persönlichkeitsentwicklung des Kindes zentrale Bedeutung haben.

Die Auswirkungen, die eine traumatische Situation (oder mehrere) für ein Kind hat, sind außer von der objektiven Wucht sehr stark von der Entwicklungsstufe abhängig, auf

Entwicklungspsychologische und psychodynamische Aspekte

der sich das Kind gerade befindet. Das Kind interpretiert die Situation sowohl bewußt als auch unbewußt, und diese Interpretation ist der Dreh- und Angelpunkt der Bewältigung: Sie bestimmt Auswahl und Einsatz von Bewältigungsstrategien und auch, ob eine Belastung zu Symptomen führt, die über lange Zeiträume andauern können.

Tabelle 2: Faktoren der Traumatisierung

- Stand der kognitiven, emotionalen und sozialen Entwicklung
- Vorhandensein protektiver Faktoren
- vorhergehende traumatische Erfahrungen
- Konstellation der traumatischen Situation
- postexpositorische Einflüsse

Auf der Grundlage der entwicklungspsychologischen Arbeiten von Anna Freud und Erik Erikson, aber auch von Jean Piaget, hat sich eine entwicklungspsychologische Matrix (Abb. 1) – in Kombination mit der Traumadefinition von Fischer et al. (1999) – als klinisch und wissenschaftlich fruchtbares Modell erwiesen für das Verständnis der Entstehung einer traumatischen Situation, in der zahlreiche bewußte und unbewußte psychische Inhalte und Mechanismen wirksam sind. Diese hängen von Zahl und Intensität der bedrohlichen Ereignisse ab, von der Nähe zum Geschehen, davon, ob die Ereignisse überraschend eintreten oder erwartet wurden, von Art und Enge der Beziehung zu den Tätern und zu anderen Opfern, von dem Ausmaß der körperlichen Schmerzen und der Schuldgefühle, die durch – manchmal auch magische – Kausalitätszuschreibungen oder Gedanken an versäumte Interventionen entstehen können.

In dieser entwicklungspsychologischen Matrix (Abb. 1) lassen sich – getrennt für jedes Entwicklungsalter – die für die Auswirkungen eines belastenden Erlebnisses entscheidenden Faktoren nebeneinanderstellen. Ein Kind in einem bestimmten Alter – mit altersspezifischen Entwicklungs-

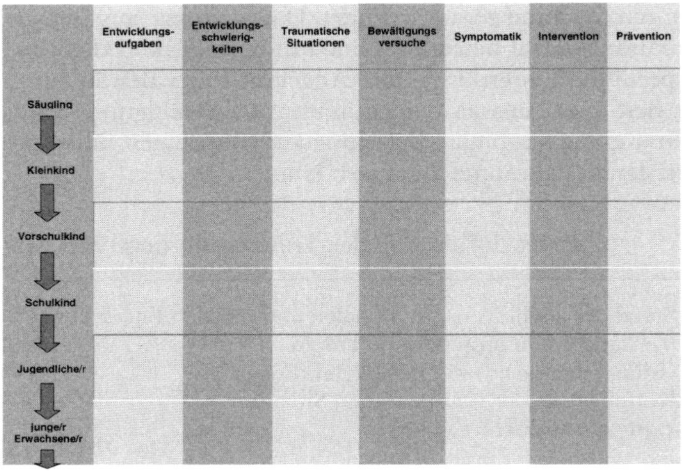

Abbildung 1: Entwicklungspsychopathologischer
Referenzrahmen

aufgaben, möglicherweise mit Entwicklungsproblemen und einem daraus resultierenden Reservoir an Bewältigungsfähigkeiten – ist einer potentiell traumatisierenden Situation ausgesetzt und entwickelt danach Symptome. Die Übersichtlichkeit des Schemas erleichtert die Analyse der traumatischen Situation, die entwicklungspsychologische Einordnung altersspezifischer Alarmreaktionen und Bewältigungsanstrengungen, die Identifizierung von Symptomen, die weit über das hinausführen können, was in den PTSD*-Schemata beschrieben ist, und die Entwicklung therapeutischer und präventiver Maßnahmen.

Es müssen nicht alle PTSD-Symptome vorliegen, damit ein Trauma diagnostiziert werden kann, und wenn sie vorliegen, kann es sein, daß sie nur die Spitze des Eisbergs einer

---

* Posttraumatische Belastungsstörung

akuten posttraumatischen Reaktion oder eines langdauernden traumatischen Prozesses bilden. Diese können von einer Fülle anderer, zum Beispiel regressiver, Symptome begleitet werden, oft aber auch ohne auffällige Symptome verlaufen, etwa wenn dissoziative Coping-Mechanismen wie De-Personalisation und De-Realisation wirksam werden, und die Umwelt annimmt, das Kind sei symptomfrei.

In der ersten Spalte der Matrix werden die Entwicklungsaufgaben und -themen der jeweiligen Altersstufe eingetragen. So sind die primären Aufgaben des Säuglings und Kleinkindes der Aufbau einer sicheren Bindung mit konstanten Bezugspersonen und die damit verbundene Entwicklung der Fähigkeit zur Differenzierung der Regulation von Affekten, Körperfunktionen, von kognitiver und motorischer Kompetenz sowie, durch hinreichend gute Bespiegelung (den „Glanz im Auge der Mutter"), der Aufbau einer guten Besetzung der Selbstrepräsentanz.

Auf ähnliche Weise können für das Vorschulkind, das Schulkind und den Jugendlichen Entwicklungsaufgaben formuliert werden: die Fähigkeit zur Kontaktaufnahme zur Peergroup außerhalb der Familie, die Akzeptanz der körperlichen Veränderungen in der Pubertät, die Ablösung von der Familie und die Entwicklung sozialer und körperlicher Generativität in der Spätadoleszenz, wie unter anderem von Erikson beschrieben.

In der zweiten Spalte werden Entwicklungsschwierigkeiten aufgelistet, zum Beispiel die Schwierigkeit der Etablierung eines guten frühen Dialogs zwischen Baby beziehungsweise Kleinkind und Elternfiguren beim chronisch unruhigen Säugling, Schwierigkeiten in der Übergangszeit in Kindergarten und Schule und vor allem auch die manchmal sehr lautstarke und heftige Auseinandersetzung zwischen Jugendlichen und ihren Eltern im Zuge der Ablösung in der Adoleszenz. Diese können, wie es Anna Freud nannte, „Reibegeräusche" einer normalen Entwicklung sein, aber auch gröbere Probleme, die sich zum Teil in der weiteren Entwicklung „auswachsen", zum Teil durch Beratung oder Psychotherapien lösbar sind.

In der dritten Spalte wird die traumatische Situation dargestellt, deren mögliche Konstellationen bereits genannt worden sind. Im frühen Alter zählt zu den potentiell traumatischen Situationen die von René Spitz beschriebene Unterstimulation hospitalisierter Kinder, die auch heute noch bei schweren körperlichen Erkrankungen mit daraus resultierender Krankenhausaufnahme vorkommen kann. In der Klinik kann das Kind dann durch vielerlei weitere Belastungen überfordert werden, so daß es zu kumulativen oder auch sequentiellen Traumatisierungen kommen kann. Solche Belastungen können sein: körperliche Schmerzen, die massive Bedrohung des Körperbilds durch Verstümmelungsängste, die dadurch aktivierten Vorstellungen über die Verursachung und, in der Stunde der größten Not, oft das Verlassenwerden von den Eltern, wodurch sich das Kind im wahrsten Sinn des Wortes „im Stich" gelassen fühlt. In solchen Fällen kann das Vertrauen des Kindes in den Schutz mächtiger, verläßlicher Elternfiguren schwer beschädigt werden, ein Verlust, der oft mit elementarer Angst und Wut und dem zumindest vorübergehenden Zusammenbruch der positiven Wahrnehmung des eigenen Körpers und seiner Funktionen einhergeht. Diagnostische und therapeutische Überfälle auf unvorbereitete Kleinkinder, deren Eltern weggeschickt worden sind, gehören leider immer noch, wenn auch nicht mehr so häufig wie früher, zum Alltag der Medizin.

Traumatische Situationen im Lauf der Entwicklung eines Kindes entstehen aber nicht nur dann, wenn das Kind selbst krank wird, sondern auch, wenn zentrale Bezugspersonen, meistens die Eltern, schwer erkranken. Säuglinge und Kleinkinder sind besonders bei Depressionen, Schizophrenien, Suchterkrankungen oder Borderline-Störungen der Mütter bedroht, weil diese als empathisch-stimulierende Partner im frühen Dialog ausfallen und die körperlich-pflegerischen und emotionalen Bedürfnisse nicht mehr befriedigen können. Darüber hinaus werden die Kinder solcher Mütter durch verwirrende, manchmal geradezu bizarre Beziehungsangebote gefährdet. Schwer depressive Mütter übertragen nicht selten ihre Symptome auf das Kleinkind.

Entwicklungspsychologische und psychodynamische Aspekte

Tiffany Field et al. (1990) haben in den „still face experiments" gezeigt, wie Säuglinge reagieren, wenn die Mutter nur kurze Zeit ihr Gesicht versteinern läßt. Wenn das Kind über längere Zeit, statt den „Glanz im Auge der Mutter" wahrzunehmen, in einen blinden Spiegel schaut, tritt das auf, was der französische Psychoanalytiker André Green (1993) bei der Behandlung Erwachsener rekonstruiert hat als das „Syndrom der psychisch toten Mutter".

In allen Altersstufen sind traumatische Konstellationen denkbar, die durch schwere Unfälle oder körperliche Erkrankungen der Eltern entstehen, zum Beispiel wenn die Mutter eines Mädchens an Brustkrebs erkrankt, also ein bösartiges Brustwachstum erleidet, während das Mädchen gerade in die Pubertät eintritt und sich positiv mit dem gutartigen Brustwachstum auseinandersetzen und dieses in ein gutes Körperbild integrieren soll.

Schwere, oft chronische Traumatisierungen können durch körperliche Mißhandlung entstehen. Statt dem Kind aus Zuständen affektiver oder psychosomatischer Dysregulation, die sich zum Beispiel in Schreien oder motorischer Unruhe äußern, durch Trost und beruhigende Gesten herauszuhelfen, werden Mutter oder Vater zum Aggressor. Das psychobiologische Schema der Schutzsuche bei der primären Bindungsperson in Zuständen von Angst und Not wird blockiert, weil das Kind dort auf Aggressivität stößt, statt Schutz zu finden. Dadurch werden elementare Verlassenheits- und Vernichtungsängste aktiviert, und das Urvertrauen wird in sein Gegenteil verkehrt, wodurch ein Verhalten ausgelöst werden kann, das als „frozen watchfulness" beschrieben worden ist: ein chronischer Alarmzustand des psychobiologischen Systems. Wenn das mißhandelte Kind schon älter ist und über die Möglichkeit zur mentalen und sprachlichen Symbolisierung verfügt, versucht es oft verzweifelt, die Bindung an die Eltern dadurch zu retten, daß es die Schuld bei sich selbst sucht. Dann kann es die Illusion aufrechterhalten, daß die Eltern im Prinzip gute, verläßliche und schützende Bindungspersonen wären, wenn es nur selbst nicht so schlecht, unruhig, böse wäre und die Eltern zur Weißglut reizte. Dies ist der Schlüssel zu der klinischen Beobachtung, daß mißhandelte Kinder oft die mißhandelnden Eltern schonen und zur Selbstbeschuldigung und auch Selbstbeschädigung neigen; wir haben dies einmal sehr eindrucksvoll bei einem fünfjährigen, schwer mißhandelten Jungen einer Borderline-Mutter erlebt, der aus diesen Gründen, sich selbst anklagend, seinen Kopf gegen die Wand schlug.

In einer Entwicklungsphase, in der das Kind spielerisch seinen eigenen Körper entdeckt und die Zärtlichkeit mit den Eltern braucht und spielerisch ausprobiert, einschließlich der normalen ödipalen Phantasien, daß der Junge die Mama und das Mädchen den Papa heiraten möchte, können traumatisierende Konstellationen entstehen, wenn dieser spielerisch phantasiegeleitete Als-ob-Raum von übergriffigen, meist männlichen Erwachsenen mißbraucht und zerstört wird.

Wenn auf dem Höhepunkt der ödipalen Ambivalenz der Vater eines Jungen erkrankt, einen Unfall erleidet, stirbt oder im Krieg getötet wird, kann das zentrale traumatische Situationsthema darin bestehen, daß das Kind vorbewußt, unbewußt, oft auch bewußt, sich zum Vorwurf macht, durch aggressive Phantasien den Tod des Vaters verursacht zu haben. Hier – wie auch in anderen Fällen von hoher Ambivalenzspannung – besteht die traumatische Situation auch darin, daß phasenspezifische Phantasieinhalte als aktualisiert und materialisiert erlebt werden, das heißt, daß die Realität Anschluß an die phasenspezifische Phantasiewelt bekommt und dadurch eine furchtbare Verlötung von Innen- und Außenwelt entsteht, aus der das Kind ohne psychotherapeutische Differenzierungshilfen nicht mehr herauskommt.

Fallbeispiel
Die Mutter des 11jährigen Markus bat um ein Gespräch, weil sie seit dem plötzlichen Tod ihres Ehemanns nicht nur selbst schwer depressiv sei, sondern sich auch Sorgen um ihren einzigen Sohn mache, der seit dem Tod des Vaters sehr

verändert sei. Sie ergänzte, daß sie mit dem verstorbenen Mann in den letzten Jahren eine sehr spannungsgeladene Ehe geführt habe; beide hätten häufig zu Alkohol gegriffen.

Markus bestätigte im Einzelgespräch, daß es zwischen Vater und Mutter viel Streit gegeben habe; besonders der Vater habe immer häufiger versucht, seine Schwierigkeiten mit Whiskey hinunterzuspülen. Dabei habe er auch öfters die Mutter mit Schlägen bedroht, so daß er manchmal habe „dazwischengehen" müssen.

Am Vorabend des Todes vom Vater habe es wieder eine Streiterei gegeben, die Mutter habe sich mit Markus ins eheliche Schlafzimmer zurückgezogen, die Tür abgeschlossen und den Sohn mit ins Bett genommen. Der Vater sei unten geblieben und habe weiter getrunken. Dann sei er hochgekommen und habe gegen die Tür geschlagen. Die Mutter habe ihm erklärt, sie werde ihn nicht mehr hereinlassen. Das sei Markus so recht gewesen. Dann sei der Vater wieder nach unten gegangen. Einige Zeit später habe es dort gekracht. Als die Mutter hinuntergegangen sei, habe sie den Vater leblos am Boden liegend aufgefunden; der Notarzt habe ihn nicht mehr reanimieren können.

Markus fuhr fort, daß er sich sehr viele Gedanken darüber gemacht habe, daß er schuld am Tod des Vaters sein könne. Obwohl die Mutter ihn beruhigt habe, müsse er weiter daran denken. Alles sei wie ein großer Reifen um ihn herum, er fühle sich sehr bedrückt und wolle mit mir (P. R.) weiter darüber sprechen. Die Mutter sei nämlich selbst schlecht dran, sie höre dauernd Orgelmusik, manchmal ein Dutzend Mal hintereinander das Stück, das bei der Beerdigung des Vaters gespielt worden sei. Er sei deswegen kürzlich zu ihr hochgegangen und habe gesagt, jetzt reiche es ihm; überhaupt sei er jetzt manchmal sehr streng zu seiner Mutter, zum Beispiel wenn sie wieder Alkohol trinke. Sie habe versprochen, damit jetzt aufzuhören.

Manchmal gehe er außer Haus, weil er das Herumhängen der Mutter nicht mehr ertragen könne. Außerhalb fühle er sich aber auch sehr unwohl, weil die Mutter ihn zu Hause brauche. Er sei einerseits sehr traurig, daß der Vater tot sei, andererseits sei es daheim jetzt viel friedlicher als früher. Der Therapeut solle jedoch auf keinen Fall denken, es sei ihm recht, daß der Vater nicht mehr lebe.

Bei dieser Fallvignette wird deutlich, wie in einer Familie, in der beide Eltern eine langjährige Streitbeziehung mit Alkoholabusus hatten, der Junge in eine maligne ödipale Situation geraten ist: Er verbündete sich mit der schwachen, alkoholabhängigen Mutter gegen den „rabiaten", ebenfalls alkoholkranken Vater. Schließlich liegt er an des Vaters Stelle neben der Mutter im Ehebett, der Vater ist mit der Billigung des Sohnes ausgeschlossen. Kurz darauf ist der Vater tot. Ein möglicher ödipaler Triumph wird zum Pyrrhussieg. Er erlebt jetzt zu Hause die schwer depressive Mutter und übernimmt bereits ein Stück Parentifizierung, indem er sie tröstet und ihren Alkoholabusus bremst.

In diesem Fall war die Indikation für eine Psychotherapie sowohl der Mutter als auch des Sohnes gegeben. Ein besondere Dynamik stellt sich im Einzelgespräch mit ihr heraus, als sie sagte, daß zwar die Version gelte, der Vater sei an einem Herzinfarkt verstorben, in Wirklichkeit habe er sich aber suizidiert. Markus wisse angeblich nichts davon, und man dürfe ihm auch nichts davon sagen.

In die nächste Spalte der entwicklungspsychologischen Matrix (Abb. 1) werden die Bewältigungsversuche eingetragen. Schon Säuglingen stehen Coping-Strategien zur Verfügung. Bereits Selma Fraiberg (1982) hat pathologische Abwehrformen in der frühen Kindheit beschrieben, zum Beispiel Vermeidung (Avoidance), Erstarren (Freezing) oder Fighting, Mechanismen, die offensichtlich aus einem angeborenen Repertoire stammen, das wir aus der Verhaltensbiologie kennen, nämlich die Reaktionsalternativen „fight, flight or freeze".

Das bei traumatisierten Kindern zu beobachtende Verhalten und ihre physischen Reaktionen dürfen also nach allem, was bisher gesagt wurde, in der Regel nicht als sinnlose, unverständliche Symptomatik gesehen, sondern müssen als psychobiologisch sinnvolle Selbsthilfeversuche verstanden werden. Traumatisierte Kinder jeglicher Altersstufe leisten psychische Schwerstarbeit, um aus den pathogenen Konstellationen herauszukommen. In den Fällen, in denen die Quelle der Traumatisierung in der Familie liegt, nehmen die Bewältigungsversuche der Kinder tragische Formen an, weil sie verzweifelt versuchen, die Bindungen zu ihren zentralen Bezugspersonen aufrechtzuerhalten, auch wenn diese Bindungen noch so pathologisch sind und sie sie eigentlich lösen müßten. Solche tragischen Konstellationen finden sich von der Säuglingszeit bis zur Adoleszenz. In der Klinik beobachten wir bei Jugendlichen mit schwerst kranken, traumatisierten Eltern oft eine massive Ausbruchsangst und -schuld. Dies manifestiert sich häufig in selbstschädigendem Verhalten, wenn die Jugendlichen sich dann doch von ihren Eltern lösen – sie also subjektiv im Stich lassen.

Aus der Analyse der Entwicklungsstadien, der Beziehungskonstellation und der traumatischen Situation leiten sich die Interventionen ab. Beim Säugling wird in der Regel die frühe Eltern-Kind-Beziehung unterstützt. Es kann aber auch eine vorübergehende oder dauernde Trennung indiziert sein. Auch ältere Kinder brauchen zunächst Sicherheit vor Mißhandlung, Mißbrauch, Verfolgung, Krieg, ein verständnisvolles Umfeld, Vermeidung unnötiger, zusätzlich belastender Trennungen von zentralen Bezugspersonen und die Möglichkeit zur symbolisierenden Verarbeitung ihrer traumatischen Erlebnisse. Traumatisierung mündet in einer Beschädigung oder gar Zerstörung der Symbolisierungsfähigkeit, des äußeren und inneren Spielraums. Das Spielerische, das Als-ob, das Ausprobieren, das Rollenspiel, die spielerische Aneignung von Verhaltensformen und Erlebensmöglichkeiten in Phantasie und Spiel, wird durch das Trauma blockiert. Ein Ziel der Therapie ist also, das Kind wieder in die Lage zu versetzen, sich der Erinnerung an das Erlebte und dessen Bedeutung in individuell erträglicher Dosierung zu stellen, etwa in Form von Spielen, die der kognitiven, emotionalen und sozialen Entwicklungsstufe Rechnung tragen. Levy hat schon im Zweiten Weltkrieg nach diesen Vorgaben gearbeitet und dies als „strukturierte Spieltherapie" bezeichnet. Für iatrogen traumatisierte Kinder wurde in den USA das „dramatic play" entwickelt, eine auf die traumatische Situation fokussierte Spieltherapie.

Traumatisierte Kinder wiederholen oft das traumatische Ereignis im sogenannten repetitiven Spiel in endloser Folge oder reinszenieren Teile der traumatischen Erfahrung in automatisierten Verhaltensmustern. Darin ist ein verzweifelter Versuch zu sehen, diese Erfahrungen zu integrieren; in der Terminologie von Piaget unternimmt das Kind verzweifelte, vielleicht vergebliche Akkomodationsbemühungen, um das Überwältigende in kleinen Dosen doch noch verarbeiten zu können. Streeck-Fischer (1997) sieht einen großen Fortschritt, „wenn aus dem schrecklichen Erleben ein schreckliches Spiel geworden ist". Es ist dem Kind dann nämlich gelungen, das Erlebte zumindest teilweise zu dezentrieren und zu externalisieren, also „nach außen" zu bringen, wo der Verarbeitungsproßeß leichter in Gang kommen und eine kognitive und emotionale Orientierung stattfinden kann.

Zusammenfassend soll festgehalten werden, daß die in den diagnostischen Schemata zusammengefaßte Symptomatik der Posttraumatischen Belastungsstörung (Posttraumatic Stress Disorder, PTSD) die komplexen Konfigurationen, die sich in traumatischen Situationen und posttraumatischen Verlaufsprozessen ausbilden können, noch nicht hinreichend beschreibt. Es ist für Diagnose und Therapie, aber auch für die weitere Forschung sinnvoll, die durch traumatisierende Ereignisse ausgelösten Symptome als Coping-Bemühungen zu betrachten, also als im Grunde sinnvolle und aus der Situation heraus verständliche Maßnahmen des Kindes zur Überwindung der traumatischen Erfahrungen und zur Verhinderung von deren Wiederholung.

Hier ein paar Beispiele:
- Die intrusiven Symptome und die Hypervigilanz in der posttraumatischen Phase haben den psychobiologischen Sinn, den Organismus für die Fight-Flight-Reaktion hellwach und handlungsfähig zu machen;

- Das „numbing", die Unterdrückung von Gefühlen, hat den Sinn, den Organismus vor einer erneuten Überwältigung durch innere und äußere Reize zu schützen.
- Regressionen sind als Bemühen zu verstehen, auf das sichere Fundament früherer, prätraumatischer Entwicklungsphasen zurückzukehren; außerdem sind sie Appelle an die primären Bindungspersonen, das Kind schonend zu behandeln und ihm Zuwendung und Aufmerksamkeit wie einem Kleinkind zu schenken.
- Auch Dissoziation ist eine Möglichkeit, emotional unerträgliche Wahrnehmungen und Erfahrungen zu bewältigen; jeder von uns, der einmal in einem schweren psychischen Schockzustand „außer sich" war, zum Beispiel nach einem Unfall, hat diese Fähigkeit unseres psychischen Systems, Emotionen abzuspalten und sie so nicht mehr zu fühlen, schon als hilfreich empfinden können.

Eine hinreichende Diagnostik bei Verdacht auf psychische Traumatisierung eines Kindes hat sich also nach einem entwicklungspsychopathologischen Modell zu richten und zu berücksichtigen,
- auf welchem Stand seiner biologischen, psychischen und sozialen Entwicklung das Kind durch das Trauma getroffen wurde,
- ob das Trauma durch ein einmaliges Ereignis oder durch lang andauernde Belastungen verursacht wurde,
- welches die bewußten und unbewußten Aspekte der traumatischen Situationen sind,
- welche Entwicklungslinien dadurch beschädigt wurden und
- welche protektiven Faktoren und Ressourcen im Kind selbst und in seiner Umgebung vorhanden sind und genutzt werden können, um eine Chronifizierung der Traumatisierung zu verhindern und einen Heilungsprozeß in Gang zu setzen.

Psychische Traumatisierung kann ein Kind nicht nur sein Leben lang psychopathologisch belasten (vgl. Egle et al. 1997), sondern auch wesentlich zu Kriminalität, Militarismus, Terrorismus und barbarischen Erziehungsideologien beitragen, die dazu führen können, daß die Traumatisierung von Generation zu Generation weitergegeben wird.

Literatur

Egle, U. T.; Hoffmann S. O.; Joraschky, P. (Hg.) (1997): Sexueller Mißbrauch, Mißhandlung, Vernachlässigung. Stuttgart/New York.
Field, T.; Healy, B.; Goldstein, S.; Guthertz, M. (1990): Behavior-state matching and synchrony in mother-infant interactions of nondepressed vs. depressed dyads. Dev. Psychology 26: 7–14.
Fischer, G.; Riedesser, P. (1999): Lehrbuch der Psychotraumatologie. 2. Aufl. München.
Fraiberg, S. (1982): Psychological defences in infancy. Psychoanalytic Quarterly 51: 612–635.
Green, A. (1993): Die tote Mutter. Psyche 47 (3): 205–240.
Hüther, G. (2001): Die neurobiologischen Auswirkungen von Angst und Streß und die Verarbeitung traumatischer Erinnerungen. In: Streeck-Fischer, A.; Sachsse, U.; Özkan, I. (Hg.), Körper, Seele, Trauma. Biologie, Klinik und Praxis. Göttingen, S. 94–114.
Keilson, H. (1979): Sequentielle Traumatisierung bei Kindern. Stuttgart.
Khan, M. M. R. (1963): The concept of cumulative trauma. In: Khan, M. M. R. (Hg.), The Privacy of the Self. London.
Streeck-Fischer, A. (1997): Verschiedene Formen des Spiels in der analytischen Psychotherapie. Forum Psychoanalyse 13: 19–37.
Terr, L. C. (1995): Childhood traumas: An outline and an overview. In: Everly, G. S.; Lating, J. M. (Hg.), Psychotraumatology: Key Papers and Core Concepts in Post-Traumatic Stress. New York, S. 301–319.

Gerald Hüther

Die Auswirkungen traumatischer Erfahrungen im Kindesalter auf die Hirnentwicklung

*Das allgemeine Entwicklungsprinzip –
Die Hirnentwicklung als ein sich selbst
organisierender Prozeß*

Auf den ersten Blick scheint es so, als verliefe die Hirnentwicklung weitgehend autonom und durch ein inneres Programm gesteuert. Dieses Programm scheint sehr genau festzulegen, wie lange und in welchen Bereichen Nervenzellen proliferieren, wohin sie anschließend wandern, in welche Richtungen ihre Fortsätze auswachsen, wie sie sich verzweigen und mit welchen anderen Nervenzellen sie synaptische Verschaltungen und funktionelle Netzwerke ausbilden. Auf der Verhaltensebene tritt dieser sequentielle Reifungsprozeß als charakteristische Abfolge der funktionellen Reifung und des Erwerbs einzelner Fähigkeiten und Fertigkeiten im Verlauf der kindlichen Entwicklung zutage. Den diese Entwicklung steuernden göttlichen Plan sucht man jedoch ebenso vergeblich wie ein hierfür verantwortliches genetisches Programm.

Wir haben es hierbei mit einem beeindruckenden Beispiel der Selbstorganisation eines lebenden Teilsystems zu tun; dieser Prozeß ist mit den klassischen mechanistischen Vorstellungen der Entfaltung oder Expression eines a priori vorhandenen (auch genetischen) Programms prinzipiell nicht beschreibbar. Keine der Milliarden Nervenzellen

„weiß" zu irgendeinem Zeitpunkt ihrer Reifung, was sie zu tun, wohin sie sich zu entwickeln hat. Jede verfügt lediglich über ein charakteristisches, genetisch determiniertes Spektrum an Optionen. Welche dieser Potenzen sie zu einem bestimmten Zeitpunkt nutzt, hängt erstens davon ab, wie stark die betreffende Zelle im Verlauf ihrer bisherigen Entwicklung bereits gezwungen war, bestimmte Optionen (meist auf Kosten anderer, ursprünglich ebenfalls noch vorhandener Potenzen) zu nutzen, sich also zu spezialisieren. Zweitens sind es immer charakteristische Veränderungen ihrer bisherigen äußeren Entwicklungsbedingungen, das heißt spezifische neuartige Anforderungen, die eine sich entwickelnde Nervenzelle zwingen, bestimmte, noch vorhandene Potenzen zur Bewältigung dieser Anforderungen abzurufen und auszuschöpfen.

Es geht also, um es bildlich auszudrücken, einer sich entwickelnden Nervenzelle im Gehirn nicht anders als einem Kind, das in ein sich ständig fortentwickelndes gesellschaftliches Beziehungssystem hineinwächst. Menschliche Gemeinschaften besitzen ebensowenig wie alle anderen offenen, lernfähigen Systeme (auch Ökosysteme) kein Programm, sondern entwickeln sich in einem sich selbst organisierenden Prozeß auf der Grundlage bestimmter vorhandener, historisch gewachsener und präformierter Potenzen und unter dem Zwang aktuell vorherrschender (meist von den betreffenden Systemen erzeugter) Gegebenheiten und neu auftretender (meist aus der Auseinandersetzung des Systems mit Störungen aus seiner Außenwelt herrührender) Anforderungen.

Auch die Entwicklung des kindlichen Gehirns folgt diesem grundsätzlichen Entwicklungsprinzip aller lebenden Systeme: Neue Interaktionen (hier: neuronale Verbindungen und synaptische Verschaltungen) können nur im Rahmen und auf der Grundlage bereits etablierter Interaktionsmuster ausgebildet und stabilisiert werden. Dabei müssen sie den bereits entwickelten Interaktionsmöglichkeiten zwischen den verschiedenen Subsystemen folgen. Wie alle lebenden Systeme entwickelt sich auch das Gehirn nur dann

Auswirkungen traumatischer Erfahrungen auf die Hirnentwicklung

weiter, wenn neuartige Bedingungen auftreten, die die Stabilität der bereits etablierten Interaktionen in Frage stellen. Solche Bedingungen werden primär von dem sich entwickelnden System selbst verursacht (im sich entwickelnden Gehirn etwa durch Proliferation von neuralen Zellen, Auswachsen von Fortsätzen, Sekretion von wachstumshemmenden und -stimulierenden Faktoren etc.). Solange das der Fall ist, verläuft die (Hirn-)Entwicklung weitgehend autonom, selbstorganisiert und eigendynamisch innerhalb der jeweils herrschenden äußeren (bzw. intrauterinen) Bedingungen. In dem Maß, wie Proliferation und Wachstum erlöschen, verliert das sich entwickelnde Gehirn eine wesentliche Triebfeder seiner Eigendynamik. In dem Maß, wie es zunehmend Verbindungen zur Außenwelt erlangt, werden die bereits etablierten Verschaltungen und Erregungsmuster über die entsprechenden sensorischen Eingänge von außen beeinflußbar. Mehr noch, da nun die durch sensorische Eingänge getriggerten Erregungsmuster dazu führen, daß bestimmte neuronale Verschaltungsmuster stabilisiert werden können, hängt die Stabilität dieser Verschaltungen von den jeweiligen Eingängen und Erregungsmustern ab. Von diesem Zeitpunkt an verläuft die Hirnentwicklung nicht mehr autonom gegenüber sensorischen Inputs, sondern sie wird durch die sensorischen Eingänge aus der Außenwelt bestimmt und bleibt von ihnen abhängig.

Bleibt der entsprechende Input über längere Zeit aus, so können die von ihm stabilisierten neuronalen Verschaltungen nicht erhalten werden. Ist er zu stark oder erreicht er das sich entwickelnde Gehirn bereits zu einem Zeitpunkt, zu dem seine bis dahin etablierten neuronalen Verschaltungsmuster noch relativ instabil sind, so gewinnt er eine dominante Bedeutung für den weiteren Aufbau neuronaler Verbindungen und stört so die gleichmäßige, balancierte Herausbildung komplexer neuronaler Verschaltungsmuster. Mit der fortschreitenden Ausbildung assoziativer neuronaler Verschaltungen wird die Aufrechterhaltung der zunächst noch sehr direkt von sensorischen Eingängen abhängigen Erregungsmuster zunehmend unabhängig von der aktuellen

Wahrnehmung. In immer stärkerem Maß werden die vom assoziativen Kortex generierten Erregungsmuster zu inneren Abbildern der äußeren Welt und stabilisieren auf diese Weise die zu einem bestimmten Zeitpunkt bereits entwickelten neuronalen Verschaltungsmuster (Hüther 1998).

Der Normalfall – Der Einfluß individueller Erfahrungen auf die Hirnentwicklung

Auf der Grundlage dieser Überlegungen wird es möglich, die so schwer zu beschreibende Abhängigkeit der Hirnentwicklung von den jeweils vorgefundenen äußeren Entwicklungsbedingungen genauer zu fassen: Die Herausbildung und die Stabilisierung neuronaler Verschaltungen im sich entwickelnden Gehirn werden immer dann nachhaltig beeinflußt, wenn es zu anhaltenden Veränderungen von bisher konstanten physikalischen, nutritiven oder metabolischen Variablen während der Hirnentwicklung kommt, wenn anhaltende Veränderungen des bisherigen, relativ konstanten sensorischen Inputs auftreten oder wenn bisher entwickelte Vorstellungen, Grundhaltungen und Erwartungen mit den realen Wahrnehmungen nicht vereinbar sind. Jede deutliche Abweichung der aktuellen von den bisherigen Entwicklungsbedingungen, seien sie nutritiver, sensorischer oder assoziativer Art, führt zu einer akuten Störung bereits etablierter Regelkreise und neuronaler Verschaltungsmuster, die ihrerseits eine Sequenz von gegenregulatorischen Mechanismen innerhalb des Gehirns auslöst. Diese Antwort des Gehirns auf alle die Stabilität seiner bisher ausgebildeten neuronalen Verschaltungen und Interaktionen gefährdenden Änderungen bestimmter äußerer oder innerer Bedingungen (des homöostatischen Gleichgewichts nach Walter Cannon, des „milieu internal" nach Claude Bernard oder der Balance zwischen Lust und Unlust nach Freud) wird als *Streßreaktion* bezeichnet.

Im Zuge dieser Reaktion kommt es zu einer vermehrten

Auswirkungen traumatischer Erfahrungen auf die Hirnentwicklung ↻

Ausschüttung bestimmter Neurotransmitter und Neuromodulatoren (Neuropeptide wie CRF und Vasopressin, biogene Amine, insbesondere Katecholamine und Serotonin) und zur Aktivierung des peripheren sympathischen adrenomedullären (SAM) Systems sowie des hypothalamo-hypophyseo-adrenocorticalen (HPA) Systems und damit zu globalen Veränderungen von nutritiven, metabolischen und hormonellen Einflüssen auf das Gehirn. All diese Veränderungen haben primär eine schadensbegrenzende Funktion im Sinne einer Notfallreaktion. Hinter dieser vordergründigen Funktion der Streßreaktion verbirgt sich jedoch eine zweite Funktion, die besonders dann zutage tritt, wenn der Auslöser der Streßreaktion nicht oder nur unzureichend beseitigt oder unterdrückt werden kann, und die für das noch sehr plastische sich entwickelnde Gehirn von besonderer Bedeutung ist: Einige der bei der Streßreaktion stattfindenden Aktivierungsprozesse, wie die vermehrte Ausschüttung von Noradrenalin in den Projektionsgebieten der noradrenergen Neurone des Locus coeruleus und des Hirnstamms oder die Stimulation von Glukokortikoidrezeptoren insbesondere limbischer und kortikaler Neurone, beeinflussen die Funktion von Neuronen und Gliazellen wesentlich tiefgreifender und nachhaltiger, als es für eine akute Schadensbegrenzungsreaktion erforderlich wäre. Durch ihre Wirkungen auf die Genexpression neuraler Zellen, auf die Produktion und Abgabe von Wachstumsfaktoren, auf das Auswachsen von dendritischen und axonalen Fortsätzen, auf die Ausbildung dendritischer Spines und synaptischer Kontakte werden sie zu Triggern und permissiven Faktoren, die den strukturellen Aus- und Umbau von neuronalen und synaptischen Verschaltungen selbst noch im erwachsenen Gehirn begünstigen.

Mit anderen Worten heißt das: Immer dann, wenn es zu wiederholten oder permanenten Störungen bereits etablierter Regelkreise und neuronaler Verschaltungen im Gehirn kommt, die zur wiederholten oder langanhaltenden Aktivierung einer Streßreaktion führen, wirken dadurch ausgelösten Veränderungen als Trigger für die adaptive Modifikation oder Reorganisation der bereits etablierten Regelkreise und neuronalen Verschaltungen. Die Streßantwort wird damit zu einem Instrument der Optimierung zentralnervöser Verarbeitungsmechanismen in Richtung auf die jeweils vorgefundenen Bedingungen (Hüther 1996). Welche dieser Mechanismen bei einer Streßbelastung aktiviert und welche langfristigen Veränderungen dadurch ausgelöst werden, hängt von der Art der Belastung ab, der sich eine bestimmte Person ausgesetzt sieht, also von der individuellen Bewertung der Kontrollierbarkeit des Stressors.

Zu einer kontrollierbaren Streßreaktion kommt es immer dann, wenn die bisher angelegten Verschaltungen zwar prinzipiell zur Beseitigung der Störung geeignet, aber einfach noch nicht effizient genug sind, um diese vollständig und gewissermaßen routinemäßig zu beantworten. Eine derartige Streßbelastung ist besser mit dem Begriff *Herausforderung* zu beschreiben. Sie beginnt, wie jede Reaktion auf einen psychischen Stressor, mit einer unspezifischen Aktivierung kortikaler und limbischer Hirnstrukturen, die zur Stimulation des zentralen und peripheren noradrenergen Systems führt („arousal"). Sobald im Zuge dieser unspezifischen Aktivierung eine Möglichkeit zur Lösung der betreffenden Anforderung gefunden wird, so kommt es mit der Aktivierung der an dieser Verhaltensreaktion beteiligten neuronalen Verschaltungen zum Erlöschen der initialen unspezifischen Aktivierung. Vor allem die verstärkte Ausschüttung von Noradrenalin in den initial aktivierten kortikalen und limbischen Hirnregionen führt zu einer ganzen Reihe von funktionellen und metabolischen Veränderungen in Nerven- und Gliazellen, die direkt oder indirekt dazu beitragen, daß es zu einer Stabilisierung und einer Verbesserung der Effizienz der in die Antwort involvierten neuronalen Verschaltungen kommt (Boyeson u. Krobert 1992; Cole u. Robbins 1992; Stone et al. 1992). Wiederholt auftretende, kontrollierbare psychosoziale Belastungen (Herausforderungen) können so zu einer sukzessiven Stabilisierung, Faszilitation und verbesserten Effizienz der in die Antwort involvierten neuronalen Netzwerke und Verbindungen führen. Erfolgreich bewältigte Belastungen und Anforderungen fördern somit die Bahnung und strukturelle Veränderung entsprechender neuronaler Verschaltungen. Dieser zentralnervöse Anpassungsprozeß ist in gewisser Weise vergleichbar mit peripheren Anpassungen an physische Stressoren, etwa der durch Kältebelastung induzierten Verdichtung des Haarkleids. Offenbar sind sehr komplexe, verschiedenartige und vielseitige kontrollierbare Belastungen notwendig, um die individuellen genetischen Möglichkeiten zur Strukturierung eines entsprechend komplexen Gehirns nutzen zu können. Psychisches Korrelat dieser Bahnungsprozesse ist eine mehr oder weniger tief eingeprägte, strukturell im Zentralen Nervensystem verankerte Erfahrung und entsprechend modifizierte Erwartungen.

Wenn eine Belastung auftritt, für die eine Person keine Möglichkeit einer Lösung durch ihr eigenes Handeln sieht, an der sie mit all ihren bisher erworbenen Reaktionen und Strategien scheitert, so kommt es zu einer *unkontrollierbaren Streßreaktion*. Sie ist durch eine lang anhaltende Aktivierung kortikaler und limbischer Strukturen sowie des zentralen und peripheren noradrenergen Systems gekennzeichnet, die sich wechselseitig so weit aufschaukelt, daß es schließlich auch zur Aktivierung des HPA-Systems mit einer massiven und lang anhaltenden Stimulation der Kortisolausschüttung durch die Nebennierenrinde kommt. Solche unkontrollierbaren Belastungen haben andere, weitreichendere Konsequenzen auf die im Gehirn angelegten Verschaltungen als die soeben beschriebenen kontrollierbaren Streßreaktionen. Beobachtungen an Versuchstieren deuten darauf hin, daß vor allem die aus unkontrollierbaren Belastungen resultierenden massiven und lang anhaltenden Erhöhungen der Glukokortikoidspiegel zur Destabilisierung der bereits angelegten synaptischen Verbindungen und neuronalen Netzwerke führt (Fuchs et al. 1995; Sapolsky 1990). Bei unkontrollierbaren Belastungen wird die Noradrenalinausschüttung vermindert (Tsuda u. Tanaka 1985), der zerebrale Energieumsatz gehemmt (Bryan u. Lehman 1988) und die Bildung neurotropher Faktoren unterdrückt (Smith et al. 1995). Halten derartige Belastungen länger an, so kann es sogar zur Degeneration noradrenerger Axone im Kortex (Nakamura et al. 1991) und zum Absterben von Pyramidenzellen im Hippokampus (Sapolsky et al. 1985; Uno et al. 1989) kommen. Verhaltensbiologische Untersuchungen zeigen in diesem Zusammenhang einen sehr interessanten Effekt: Hohe Spiegel von Glukokortikoiden, wie sie physiologischerweise bei unkontrollierbaren Streß erreicht werden, fördern die Auslöschung von erlernten Verhaltensreaktionen und führen zur Elimination vor allem solcher Verhaltensweisen, die für eine erfolgreiche Beendigung des Streßreaktionsprozesses ungeeignet sind (van Wimersma-Greidanus u. Rigter 1989).

Die Aneignung neuer Bewertungs- und Bewältigungsstrategien, grundlegende Veränderungen im Denken, Fühlen und Handeln werden durch die vorangehende Destabilisierung und Auslöschung unbrauchbar gewordener Muster erst ermöglicht. Es ist in diesem Zusammenhang bezeichnend, daß vor allem Umbruchphasen wie die Pubertät, die zu psychosozialen Neurientierungen zwingen, besonders häufig mit langanhaltenden, unkontrollierbaren psychischen Belastungen einhergehen. Damit tragen beide Arten von Streßreaktionen, also die kontrollierbaren Herausforderungen wie auch die unkontrollierbaren Belastungen, in jeweils spezifischer Art und Weise zur Strukturierung des Gehirns, das heißt zur Selbstorganisation neuronaler Verschaltungsmuster im Rahmen der jeweils vorgefundenen äußeren, psychosozialen Bedingungen bei. Herausforderungen stimulieren die Spezialisierung und verbessern die Effizienz bereits bestehender Verschaltungen. Sie sind damit wesentlich an der Weiterentwicklung und Ausprägung bestimmter Persönlichkeitsmerkmale beteiligt. Schwere, unkontrollierbare Belastungen ermöglichen durch die Destabilisierung einmal entwickelter, aber unbrauchbar gewordener Verschaltungen die Neuorientierung und Reorganisation von bisherigen Verhaltensmustern.

Die von unkontrollierbaren Belastungen getriggerten lang anhaltenden neuroendokrinen Reaktionen können offenbar über die von ihnen ausgelöste Destabilisierung neuro-

Auswirkungen traumatischer Erfahrungen auf die Hirnentwicklung

naler Verschaltungsmuster in limbischen und kortikalen Hirnregionen zu sehr grundsätzlichen Veränderungen des Denkens, Fühlens und Handelns einer Person führen. Das Ersetzen eines alten, unter dem Einfluß bisheriger Anforderungen stabilisierten assoziativen Verschaltungsmusters durch ein neues kann dazu führen, daß bisher unkontrollierbare psychosoziale Konflikte kontrollierbar werden. Ein derartiger Reorganisationsprozeß ist jedoch immer mit dem Risiko der Entgleisung und des unkompensierbaren Verlustes bestimmter Fähigkeiten im Bereich des Denkens, Fühlens oder Handelns behaftet (Hüther et al. 1996). Je früher während der Individualentwicklung derartige stabilisierende oder destabilisierende Erfahrungen strukturell im Gehirn verankert werden, desto tiefgreifender und nachhaltiger bestimmen sie die weitere Nutzung und Ausformung der bis dahin bereits etablierten neuronalen Verschaltungen und damit auch die in der Vorstellungswelt einer Person verankerten Erfahrungen und die von ihr gehegten Erwartungen.

Die mit Abstand wichtigste Erfahrung, die jeder Mensch während seiner frühkindlichen Entwicklung machen kann, ist, daß er in einem sozialen Umfeld Schutz und Geborgenheit findet. Die zweite wichtige Erfahrung ist, daß er durch eigenes Handeln in der Lage ist, eine Bedrohung oder Störung seines inneren Gleichgewichts unter Kontrolle zu bringen.

Nur wenn es gelingt, diese beiden Grunderfahrungen fest im kindlichen Gehirn zu verankern, kann im weiteren Leben eine optimale Balance zwischen Bindungsfähigkeit und Selbstvertrauen entwickelt werden. Wenn während der frühkindlichen Entwicklung Erfahrungen überwiegen, die dazu führen, daß das Eingebundensein in eine soziale Gemeinschaft wichtiger erscheint als die Fähigkeit, Probleme selbständig lösen zu können, bleiben diese Kinder häufig zeitlebens von anderen Menschen, deren Fürsorge, deren Kompetenzen, deren Meinungen abhängig. Sie weisen mangelnde Autonomie auf und leiden unter psychischer Labilität.

Umgekehrt kann es auch dazu kommen, daß die Bindung

an andere Menschen nur schwach und dafür das Selbstwertgefühl sehr stark entwickelt und die Bedeutung der eigenen Kompetenz sehr hoch bewertet wird. Kinder, die diese Grunderfahrung gemacht haben, machen ihre Entscheidungen in erster Linie davon abhängig, was ihnen für ihr individuelles Wohlergehen und für die Erfüllung ihrer privaten Wünsche besonders nützlich erscheint. Diese Menschen legen Pseudoautonomie und Selbstbezogenheit an den Tag.

Der Extremfall – Auswirkungen traumatischer Erfahrungen auf die Hirnentwicklung

Normalerweise erleben Kinder die mit unkontrollierbaren Belastungen einhergehende massive Streßreaktion nicht als ein plötzlich einsetzendes Ereignis, sondern als einen schleichenden, immer bedrohlichere Ausmaße annehmenden Prozeß. Die damit einhergehenden Destabilisierungsprozesse verlaufen dementsprechend langsam. Sie machen sich oft als vorübergehender Entwicklungsstillstand, bisweilen auch als Regression auf der Ebene einzelner, bereits erfolgreich gebahnter Leistungen und Kompetenzen bemerkbar. In den meisten Fällen gelingt es den betreffenden Kindern, im Verlauf dieses allmählichen Destabilisierungsprozesses neue Denk- und Verhaltensmuster zu entdecken und zur Bewältigung der betreffenden Belastung einzusetzen. Wird eine dieser Strategien subjektiv als erfolgreich bewertet, so kann die unkontrollierbare Streßreaktion angehalten und in eine kontrollierbare Streßreaktion umgewandelt werden. Die Destabilisierungsprozesse kommen zum Stillstand, und die zur Problemlösung nunmehr eingesetzten neuronalen Verschaltungen werden neu gebahnt. Die so stattfindende Reorganisation assoziativer Verschaltungsmuster tritt dann als ein – oft grundlegend – verändertes Denken, Fühlen und Handeln zutage. Es erfolgen Ablösung und Neuorientierung.

Gelingt es einem Kind jedoch nicht, auf diese Weise einen Ausweg aus einer immer bedrohlicher werdenden Situation zu finden, so führt die mit der anhaltend unkontrollierbaren Streßreaktion einhergehende Destabilisierung über kurz oder lang zum Zusammenbruch seiner integrativen (neuronalen, endokrinen und immunologischen) Regelmechanismen und damit zur Manifestation unterschiedlicher körperlicher oder psychischer Störungen. Meist wird auf diese Weise eine „Notlösung" möglich. Versagt auch dieser Mechanismus und kann kein neues psychoemotionales und psychosomatisches Gleichgewicht gefunden werden, so stirbt das Kind.

Schwere seelische Belastungen, die sich nicht allmählich aufbauen, sondern ein Kind (oder auch einen Erwachsenen) völlig unerwartet treffen, sind deshalb besonders gefährlich, weil es unter diesen Bedingungen kaum möglich ist, die mit der unkontrollierbaren Streßreaktion einhergehende Destabilisierung für eine Reorganisation zu nutzen. Unter diesen Bedingungen können der Destabilisierungsprozess irreversible Schäden verursacht werden (Degeneration von Dendriten und bisweilen sogar von ganzen Nervenzellen vor allem im Bereich des Hippokampus).

Wenn es einem Kind nach einer solchen traumatischen Erfahrung nicht gelingt, diese unkontrollierbare Streßreaktion irgendwie anzuhalten, so ist es verloren, denn die dadurch ausgelösten Destabilisierungsprozesse können lebensbedrohliche Ausmaße annehmen. Jedes traumatisierte Kind spürt das, und es versucht deshalb mit allen ihm zur Verfügung stehenden Mitteln, die traumatische Erfahrung und die posttraumatisch immer wieder aufflammenden Erinnerungen an das erlebte Trauma unter Kontrolle zu bringen. Bewährte Strategien, die das Kind bisher zur Bewältigung seiner Ängste eingesetzt hat, wurden angesichts des erlebten Traumas ad absurdum geführt. Auf psychosoziale Unterstützung kann es sich nicht mehr verlassen, vor allem dann, wenn das Trauma durch bisherige enge Bezugspersonen ausgelöst worden ist. Der Glaube an familiäre psychosoziale Geborgenheit ist ihm ebenso verlorengegangen wie der Glaube an seine eigene Fähigkeit, Bedrohungen abwenden zu können. Die einzige Strategie, die ihm nun noch Linderung verschaffen kann, ist die Abkoppelung der traumatischen Erfahrung aus dem Erinnerungsschatz, ihre Ausklammerung durch eine gezielt veränderte Wahrnehmung und dissoziative Verarbeitung von Phänomenen der Außenwelt. Es ist gezwungen, mit diesen Strategien gegen die immer wieder aufflackernden Erinnerungen an das Trauma anzurennen. Falls es eine Strategie findet, die es ihm ermöglicht, die traumatische Erinnerung und die damit einhergehende unkontrollierbare Streßreaktion kontrollierbar zu machen, hört der Destabilisierungsprozeß auf, und es werden nun all die neuronalen Verschaltungen gefestigt und gebahnt, die zur erfolgreichen Bewältigung seiner durch die traumatischen Erinnerung ausgelösten Ängste aktiviert werden.

Auf diese Weise entstehen zunächst kleine, durch ihre wiederholte erfolgreiche Nutzung aber immer breiter und effektiver werdende zentralnervöse „Umgehungsstraßen" und „Umleitungen", „Verbotszonen", „Rastplätze" und die dazugehörigen „verkehrsregelnden Leiteinrichtungen". Diese Lösungen werden mehr oder weniger rasch und meist intuitiv gefunden, aber bis die dabei benutzten Verschaltungen hinreichend effektiv gebahnt sind, können Monate und Jahre vergehen. Die dabei ablaufenden Bahnungsprozesse können offenbar so tiefgreifend und weitreichend werden, daß bei manchen Kindern die Erinnerung an das traumatische Erlebnis schließlich nicht mehr abrufbar ist. Bei manchen wird die gesamte emotionale Reaktionsfähigkeit und damit auch die basale Aktivität und die Aktivierbarkeit der HPA-Achse permanent unterdrückt. Bei anderen wiederum bahnen sich bizarr anmutende oder gar selbstgefährdende Bewältigungsstrategien bis zur Zwanghaftigkeit.

Immer ist es die subjektive Erfolgsbewertung einer zunächst meist unbewußt gefundenen Strategie, die zur Aktivierung einer nunmehr kontrollierbaren Streßreaktion und damit zur Bahnung der dabei benutzten Verschaltungen führt. Zwangsläufig sind all diese gebahnten Abwehrstrategien daher individuelle Lösungen, die sich deutlich von den „normalen" Bewältigungsstrategien nicht traumatisierter Kinder unterscheiden. Damit geraten diese traumatisierten

Kinder in ein soziales Abseits und werden oft als persönlichkeitsgestört oder antisozial attribuiert. So schließt sich ein fataler Circulus vitiosus, aus dem sie aus eigener Kraft nicht mehr herausfinden. Zwangsläufig vollzieht sich die geistig-emotionale, bisweilen sogar die motorische und körperliche Entwicklung dieser Kinder anders, als es ohne die einschneidende traumatische Erfahrung der Fall gewesen wäre. Besonders häufig kommt es zu Störungen des Sozialverhaltens, zu aggressiv-destruktiven Handlungen gegen andere oder gegen sich selbst. Die Kinder zeigen Störungen in ihrer Affektregulation mit Zuständen von Betäubung und Übererregung, häufig gepaart mit impulsivem und riskantem Verhalten. Sie sind in ihrer Selbstwahrnehmung und in ihrer Wahrnehmung von anderen gestört und haben Schwierigkeiten, zwischen sich und anderen Grenzen zu ziehen und aufrechtzuerhalten. Oft zeigen diese Kinder Bewußtseinsveränderungen, Amnesien, Hypermnesien, Dissoziationen, Depersonalisation- und Derealisationsphänomene, Flashbacks und Alpträume. Typisch sind weiterhin korrupte Wertsysteme und brüchige Normen sowie generell fehlende Orientierungen. Häufig weisen sie schwere Lern-, Aufmerksamkeits- und Kontaktstörungen auf.

Literatur

Boyeson, M. G.; Krobert, K. A. (1992): Cerebellar norepinephrine infusions facilitate recovery after sensorimotor cortex injury. Brain Res. Bull. 29: 435–439.

Bryan, R. M.; Lehmann, R. A. W. (1988): Cerebral glucose utilization after aversive conditioning and during conditioned fear in rat. Brain Res. 444: 17–24.

Cole, B. J.; Robbins, T. W. (1992): Forebrain norepinephrine: Role in controlled information processing in the rat. Neuropsychopharmacology 7: 129–141.

Fuchs, E.; Uno, H.; Flügge, G. (1995): Chronic psychosocial stress induces morphological alterations in hippocampal pyramidal neurons of tree shrew. Brain Res. 673: 275–282.

Hüther, G. (1996): The Central Adaptation Syndrom: Psychosocial

stress as a trigger for adaptive modifications of brain structure and brain function. Progress in Neurobiology 48: 569–612.
Hüther, G. (1998): Stress and the adaptive self-organization of neuronal connectivity during early childhood. Developm. Neurosci. 16: 297–306.
Hüther, G.; Doering, S.; Rüger, U.; Rüther, E.; Schüßler, G. (1996): Psychische Belastungen und neuronale Plastizität. Zsch. Psychosom. Med. 42: 107–127.
Nakamura, S.; Kitayama, I.; Murase, L. S. (1991): Electrophysiological evidence for axonal degeneration of locus coeruleus neurons following long-term forced running stress. Brain Res. Bull. 26: 759–763.
Sapolsky, R. M. (1990): Glucocorticoids, hippocampal damage and the glutamatergic synapse. Prog. Brain Res. 86: 13–23.
Sapolsky, R. M.; Krey, L.; McEwen, B. S. (1985): Prolonged glucocorticoid exposure reduces hippocampal neuron number: Implications for aging. J. Neurosci. 5: 1222–1227.
Smith, M. A.; Makino, S.; Kvetnansky, R.; Post, R. M. (1995): Stress and glucocorticoids affect the expression of brain-derived neurotrophic factor and neurotrophin-3 m-RNAs in the hippocampus. J. Neurosci. 15: 1768–1777.
Stone, E. A.; John, S. M.; Bing, G. Y.; Zhang, Y. (1992): Studies on the cellular localization of biochemical responses to catecholamines in the brain. Brain Res. Bull. 19: 285–288.
Tsuda, A.; Tanaka, M. (1985): Differential changes in noradrenaline turnover in specific regions of rat brain produced by controllable and uncontrollable shocks. Behav. Neurosci. 99: 802–817.
Uno, H.; Tarara, R.; Else, J.; Suleman, M.; Sapolsky, R. (1989): Hippocampal damage associated with prolonged and fatal stress in primates. J. Neurosci. 9: 1705–1711.
Wimersma-Greidanus, T. B. van; Rigter, H. (1989): Hormonal regulation of learning. In: Bush, F. R.; Levine, S. (Hg.), Psychoendocrinology. San Diego 1989, S. 271–306.

Angelika Holderberg

Umgang mit dem Trauma – Beispiele unterschiedlicher Konzeptionen

Vorbemerkungen

Der Umgang mit dem real erlebten Trauma nimmt in den letzten Jahren sowohl in der Öffentlichkeit als auch in Fachdiskussionen mehr und mehr Raum ein. Ich selbst wurde etwa vor zehn Jahren durch einen jugendlichen Patienten mit dieser Thematik konfrontiert. Ein aktuelles Trauma, das aber auf den Boden einer früheren Traumatisierung fiel, brachte ihn in die Behandlung und mich immer wieder an die Grenzen meines psychoanalytischen Verstehens. Er löste Gegenübertragungsgefühle und Körpersensationen in mir aus, die für mich nicht leicht annehmbar, aushaltbar und darum zunächst nicht nutzbar für die psychoanalytische Arbeit waren. Erst in Beschäftigung mit einschlägiger Fachliteratur und besonders mit Hans Holdereggers Buch „Der Umgang mit dem Trauma" (1993) fand ich etwas formuliert, was ich seit langem in der Therapie mit dem Adolseszenten erlebte. Holderegger erweiterte meinen Raum im Verstehen frühtraumatisierter Kinder und weckte das Interesse in mir, mich intensiver mit der Thematik zu beschäftigen.

Ich möchte zwei unterschiedliche Konzepte zur Traumatherapie vorstellen:
 – therapeutische Gruppenarbeit mit Mädchen im Alter von acht bis zwölf Jahren, die sexuelle Gewalt erlebt haben,

– psychoanalytische Einzeltherapie mit einem Adoleszenten.

Mein Anliegen ist es, deutlich zu machen, daß eine Arbeit mit dem aktuellen Trauma auch in einem zeitlich begrenzten Setting zu guten Erfolgen führen kann und daß die Form der Gruppenarbeit erheblich dazu beiträgt, die betreffenden Patienten und Familien zu entlasten. Dadurch, daß ähnliche Erfahrungen erlitten wurden, entsteht ein Raum, in dem diese Erfahrungen miteinander geteilt und aufgehoben (im doppelten Wortsinn) werden können.

Die therapeutische Arbeit mit einem Menschen, dessen Traumatisierung lange zurückliegt und weitgehend verdrängt wurde, ist eine völlig andere. Sie stellt die Analytikerin vor besondere Gegenübertragungsprobleme, die aber zu handhaben sind, wenn sie als traumatisierende Übertragung erkannt und damit nutzbar werden für die psychoanalytische Arbeit.

Therapeutische Gruppenarbeit mit Mädchen, die sexualisierte Gewalt erlitten haben

Hier geht es um das aktuelle Trauma und ist eine andere therapeutische Arbeit als die mit einem Menschen, dessen Traumatisierung viele Jahre zurückliegt. Das Konzept wurde im Kinderschutzzentrum Hamburg von Gisela Rust und Gudrun Wolber (1996) entwickelt und von Andrea Wulf Eggert und mir erweitert und modifiziert.

Dreimal haben wir gemeinsam diese Art der Gruppentherapie mit insgesamt 19 Mädchen im Alter von acht bis zwölf Jahren durchgeführt. In unserer therapeutischen Arbeit geht es uns darum, den betroffenen Mädchen einen geschützten Raum zur Verfügung zu stellen, in dem sie sich über das, was sie erlebt haben, äußern können. Nicht nur mittels gesprochener Sprache, sondern auch durch Farben, Ton, Musik und Bewegung können sie sich und uns etwas über ihre Art mitteilen, wie sie diese Erfahrung zu verarbeiten suchen. Wir erfahren so, daß sie von Gefühlen wie Angst, Verwirrung, Ekel, Scham und Wut manchmal überflutet werden, Gefühle von Erregung, Neugierde und Lust sie verwirren und sie an Kopf- und Bauchschmerzen, Erbrechen, Schlaflosigkeit und Unkonzentriertheit leiden.

Da wir davon ausgehen, daß sexueller Mißbrauch die Lebensfreude, das Vertrauen in eigene Denk- und Fühlprozesse und das Selbstbewußtsein in der Tiefe erschüttert sowie die sinnliche Erfahrung des eigenen Körpers und der Welt verändert, bietet die Therapiegruppe nicht nur Raum für die Äußerung der mit den Verletzungen verbundenen Gefühle, sondern auch dafür, sich ein Stück der ursprünglichen Lebendigkeit und Freude an sich und der Welt zurückzuerobern. Dies mit anderen Mädchen, die ähnliche Erfahrungen gemacht haben, zu teilen, bedeutet auch, eine Öffentlichkeit herzustellen, die der „ungewollten, aufgezwungenen Intimität" (Reemtsma 1997) mit dem Täter etwas entgegensetzt und sie erleben läßt, daß Kinder, die sexuelle Übergriffe erlebt haben, auch Kinder sind, die wie alle anderen lachen und weinen können, Spaß und Ärger machen, Geheimnisse haben, sich verlieben und ausgelassen sein können.

Das Setting

Wir haben uns für eine zeitliche Begrenzung von zwölf Gruppensitzungen und vier Elternabenden entschieden, um einer weiteren Stigmatisierung entgegenzuwirken. Wir sind uns bewußt, daß dieses Angebot kein Ersatz für eventuell notwendige, längere therapeutische Einzeltherapie ist, sondern als ein Angebot im breiten Fächer verschiedener Maßnahmen zu sehen ist und nicht für jedes Kind geeignet ist. So führen wir sowohl mit den Kindern als auch mit den Eltern Vorgespräche, in denen abgeklärt wird, ob dieses Gruppenangebot für dieses Kind, für diese Eltern sinnvoll ist, und auch die Kinder und Eltern können uns Therapeutinnen kennenlernen, Fragen stellen und herausfinden, ob sie sich mit uns der schwierigen Thematik nähern wollen.

Die Voraussetzungen für die Teilnahme an der Gruppe sind, daß der Mißbrauch bereits aufgedeckt und die akute Mißbrauchssituation beendet worden ist, daß die Lebensbedingungen insoweit geregelt sind, als die Termine für die Sitzungen verbindlich wahrgenommen werden können und auch die Eltern zur Mitarbeit bereit sind.

Dadurch, daß wir zwei Therapeutinnen nur mit sechs bis sieben Mädchen pro Gruppe arbeiten, haben wir jedes Mädchen ausreichend im Blick, hat jedes die Möglichkeit, sich zu äußern und die anderen wahrzunehmen. Die Gruppensitzungen haben eine feste Struktur und beginnen mit einem Ritual des Ankommens, des gemeinsamen Begrüßens und enden mit einem Abschiedsritual. Außerdem gibt es Regeln für das Miteinander in der Gruppe, die wir den Mädchen zu Anfang sagen.

Die Sicherheit, die dieser Rahmen gibt, ermöglicht es, innerhalb der Sitzungen prozeßorientiert zu arbeiten, das, was in der Gruppe geschieht, aufzugreifen, ohne das Thema sexueller Mißbrauch aus den Augen zu verlieren.

Die Mädchen bekommen zu Beginn der Gruppe eine Gefühlsuhr, auf der sie einstellen können, wie es ihnen geht, so daß sie nicht gezwungen sind zu sprechen, was einigen, zumindest am Anfang, sehr schwerfällt. Weiter bekommen sie einen Karton, in dem all das aufgehoben wird, was in den Sitzungen entsteht und erst nach Beendigung der Gruppe mit nach Hause genommen werden darf. So entsteht ein eigener kleiner Raum im Großraum Gruppe.

Die Etablierung des Sicheren Ortes

In den ersten Gruppensitzungen geht es um das Einander-Kennenlernen, Vertrauen und Sicherheit aufzubauen und sich den Raum zu erobern. Wir lassen die Mädchen ihren „Sicheren Ort" malen. Wie schnell und mit welchem Ambiente dieser Ort dargestellt wird, gibt Aufschluß über die innere Welt des Kindes, die mit diesem Begriff verbunden ist. Interessant ist, daß Mädchen, die zunächst über kein inneres Bild von Sicherheit zu verfügen schienen, angeregt durch das Tun der anderen, doch ein eigenes Bild entwickeln konnten. Zunächst vielleicht nur durch Nachahmung, später wurde aber deutlich, daß dies auch durch Identifikation und identifikatorische Assimilation geschah, also zu einer Bereicherung und Ich-Erweiterung führte.

So wußte Marie, die vom eigenen Vater mißbraucht worden war und in schwierigen familiären Verhältnissen lebte, zunächst nichts mit dem Begriff „Sicherer Ort" anzufangen. Es schien, als habe sie keine Vorstellung, was das denn sein könnte. In der Auseinandersetzung mit den Bildern der anderen Mädchen begann dann auch sie, sich Teile aus deren Bilder herauszusuchen und abzumalen. Es muß sich eine Vorstellung von Sicherheit in ihr etabliert haben, denn in einer späteren Stunde, als es darum ging, aus Ton einen Gegenstand zu formen, der Kraft und Sicherheit gibt, knetete sie recht geschickt ein Vogelnest mit einer Vogelmutter und drei Vogeleiern. Unsere Deutung, sie wünsche sich sehr, noch einmal wie die Vogeleier im Nest zu sein, ganz eng bei Mama und von ihr von Anfang beschützt zu werden, konnte sie annehmen. Sie sprach dann über ihre Wünsche und Sehnsüchte und konnte erfahren, daß andere Kinder und wir diese mit ihr teilten. Daraus ergab sich dann, daß einige Kinder sie trösteten und darüber sprachen, wie sie sich selbst trösteten. Die meisten sprachen über ein Kuscheltier, dem sie ihren Kummer erzählen würden, und in die nächste Stunde brachten dann alle ihr spezielles „Tröster-Kuscheltier" mit: Marie ihren Tiger Simba, den sie früher, wenn sie wütend gewesen sei, in die Ecke gepfeffert habe, aber jetzt gut behandle. Der Tiger sei stark, so wolle sie auch sein, und sie fühle sich auch wieder stark, wenn sie ihm ihren Kummer erzählt habe.

Möglichkeiten der Symbolisierung

Wir sprachen dann darüber wie sich der Kummer im Körper bemerkbar mache. Dafür hatten wir eine lebensgroße Mädchenzeichnung auf den Boden gelegt und Kummersteine in verschiedenen Größen mitgebracht. Marie legte einen großen Stein auf das Herz. Ja, das tue ihr weh, immer wenn sie an Papa denken müsse. Eigentlich dürfe der auch nicht mehr kommen, aber manchmal begegne sie ihm draußen und dann verstecke sie sich, denn sie habe Angst. Vivian mischte sich ein, sie habe auch Angst, aber vor einem großen Jungen aus der Nachbarschaft. Der sei schon in der dritten Klasse und würde ihr immer auflauern und habe sie auch schon mal gehauen. Sie wisse nicht, was sie tun solle. Steffi gab den Ratschlag, einen anderen Weg zu gehen oder sich der Lehrerin oder der Tagesmutter anzuvertrauen. Vivian wies zunächst alle Vorschläge von sich, doch in der Abschlußrunde strahlte sie: „Heute brauche ich meine Gefühlsuhr nicht einzustellen, ich weiß wie es mir geht; es geht mir ganz doll gut!"

Wir hatten den Eindruck, daß allein die Sorge eines anderen Mädchens, eine intensive Beschäftigung mit ihr, eine Hoffnung in ihr geweckt hatte, aktiv werden zu können, zu dürfen und einen Ausweg für sich zu finden. Mehr und mehr konnte sie ihre bisher abgewehrten aggressiven Strebungen leben. Sie verkleidete sich in einer Stunde als Vampir, als es darum ging, etwas darzustellen, was jedes Mädchen schon immer mal sein wollte, und es war deutlich spürbar, wieviel Spaß ihr diese Rolle machte.

So war sie auch die erste, die in der 10. Sitzung den Täter aus Ton geformt hatte: eine ganze Person, die vor einem Fernseher saß. (Der Mißbrauch geschah, während sie mit dem Täter fernsah.) Realistisch stellte sie dar, was ihr passiert war. Und als es darum ging, dem Täter zu sagen oder zu zeigen, was in ihr vorgehe, saß sie vor dieser Figur mit einem Hammer in der Hand, zögerte aber noch, zuzuschlagen. Ein anderes Mädchen hatte eine Bratpfanne geformt, darin solle der Täter schmoren, und Steffi äußerte die Lust, auf den Täter zu springen. Plötzlich brach sich die lang aufgestaute Aggression Bahn, und Vivian erschlug ihren Täter, während Steffi und Lena auf ihre Täter sprangen. Hanna war entsetzt, sie habe ihn so toll geformt, und jetzt solle sie ihn zerstören? Nein, niemals! Die anderen Kinder ließen sich nicht beirren, und es kam zu einem lustvollen aggressiven

Miteinander, bei dem der Ton auf den Boden geklatscht, wiederaufgesammelt und neu geformt wurde. Eine große Freude am Zerstören und Wieder-neu-Entstehenlassen wurde deutlich. Wir konnten darüber sprechen, daß das Aggressive auch Lust macht, daß es eine Symbolebene gibt, auf der auch vernichtende Aggression ausgedrückt werden kann, und daß dies nicht Realität werden wird. Wir konnten darüber sprechen, daß es möglich ist, sich zu wehren oder, wie Hanna es getan hatte, es so lassen, wie es ist.

Gerade bei diesem Mädchen spürten wir die Grenzen unseres therapeutischen Angebots. Die Aufgabe der Vorstellung, der erlittene Mißbrauch sei die alleinige Ursache aller ihrer Schwierigkeiten, hätte zwangsläufig zur Folge gehabt, sich mit dahinterliegenden psychischen Verletzungen und den damit verbundenen Phantasien und Erinnerungen auseinanderzusetzen, wozu dieses Mädchen zu diesem Zeitpunkt und in diesem Rahmen nicht bereit war.

Retraumatisierung der Mütter und Beschädigung der Väter durch die Traumatisierung der Kinder

„Die Readaption an die normale Welt", wie Reemtsma es ausdrückt „liegt in der Möglichkeit, die existentiell bedrohlichen Erfahrungen in die Kommunikation zu integrieren" (Reemtsma 1998). Wie schwierig dies für die Mädchen war und ist, mit denen wir gearbeitet haben, wurde immer wieder in der Elternarbeit deutlich. Ähnlich wie die Mädchen, die ihren Widerstand gegen die Auseinandersetzung mit dem traumatischen Erleben dadurch zum Ausdruck brachten, daß sie gefühlsabwehrend über sexuellen Mißbrauch sprachen, sich cool, überheblich, aggressiv, unterwürfig oder abwertend uns und den anderen gegenüber verhielten, wurden wir auch mit dem Widerstand der Eltern konfrontiert. Einige Mütter, die selbst Mißbrauch in ihrer Kindheit erlitten hatten, wurden durch das, was ihre Töchter erlebt hatten, retraumatisiert, so daß es ihnen nicht möglich war, für ihr Kind einen Raum zur Verfügung zu stellen, um die traumatischen Erfahrungen miteinander zu teilen, zu halten und zu integrieren. Sie gerieten selbst in Panik und Verwirrung und gaben dem Kind die Schuld an allem Unglück.

Aber auch die Väter, die erleben mußten, daß die eigene Tochter von einem Fremden zu sexuellen Handlungen gezwungen wurde, fühlten sich in ihrer Männlichkeit in Frage gestellt und verhielten sich abwehrend und abwertend uns gegenüber. Im Wissen darum, daß Abwehrmechanismen eine wichtige Schutzfunktion haben und der Bewältigung eines überfordernden Ereignisses dienen, versuchten wir immer wieder zu verstehen, was abgewehrt wird, und dies vorsichtig und einfühlsam in Worte zu fassen. So wurde in der letzten Gruppe sehr deutlich, daß hinter der Argumentation, es bringe hier alles nichts, das einzig Richtige sei, solche Typen ein für alle Male unschädlich zu machen, aber das dürfe man ja nicht, eine tiefe Ohnmacht verborgen war. Als dieses Gefühl auch von den anderen Vätern geteilt und angenommen wurde, konnte dieser Vater sagen: „Es ist so schrecklich, daß ich meiner Tochter nicht habe helfen können, daß ich sie als Vater nicht habe beschützen können. Ich habe als Mann versagt. Ich weiß jetzt auch gar nicht mehr, wie ich mit ihr umgehen soll. Ich traue mich gar nicht mehr, sie in den Arm zu nehmen. Sie verhält sich so abweisend, und ich denke immer, sieht sie in mir auch so einen Scheißkerl? Ich fühle mich so hilflos, und es ist so schmerzhaft, daß wir nicht mehr so wie früher fröhlich und selbstverständlich miteinander rangeln können."

Abschließende Überlegungen

Wir waren immer wieder erstaunt, über welche Ressourcen die Mädchen verfügten und wie sie unsere verschiedenen Angebote, ihr inneres Erleben nach außen zu bringen, wahrnehmen konnten, wie sie das, was wir sagten, annehmen und für sich nutzbar machen konnten. Mehr und mehr gelang es ihnen, das auszudrücken, was sie erlebt hatten, sich einen Teil ihrer Lebendigkeit zurückzuerobern und etwas in

Sprache zu bringen, was vorher kaum möglich gewesen war. Gerade für Kinder, die sexuelle Mißbrauchserfahrungen erlitten haben, ist es äußerst schwierig, teilweise unmöglich, ihre Sprache und ihre anderen Möglichkeiten des Ausdrucks wiederzufinden, haben sie doch erlebt, daß ihre Äußerungen nicht verstanden, mißverstanden oder bewußt falsch verstanden wurden. Bereits 1932 sprach der Psychoanalytiker Sándor Ferenczi in diesem Zusammenhang von der „Sprachverwirrung zwischen dem Erwachsenen und dem Kind" und die „Überwältigende Kraft und Autorität des Erwachsenen, die das Kind stumm mache und seiner Sinne beraube" (Ferenczi 1932/1964, S. 518). Hirsch, der sich auch auf Ferenczi bezieht, spricht von „einer Beraubung des Guten, des stillen Glücks des kindlichen Opfers" (Hirsch 1992).

Uns ist bewußt, daß das, was wir in dieser Gruppe bewirken können, begrenzt ist. Darum führen wir auch drei Monate nach Beendigung der Gruppe Nachgespräche durch und sind immer wieder positiv überrascht, in wie vielen Familien sich das Miteinander zum Guten verändert hat. Eltern und Kinder können wieder freier miteinander umgehen, es ist möglich, miteinander auch Konflikthaftes anzusprechen, und nicht jede Schwierigkeit muß auf das Mißbrauchserleben zurückgeführt werden. Das ehemals traumatische Ereignis kann *ein* zwar tief erschütterndes gesehen werden, ist aber nicht mehr als eins, daß das gesamte Leben bestimmt. So hat diese Art der Arbeit auch präventiven Charakter.

Der Umgang mit dem Trauma erfordert unterschiedliches therapeutisches Vorgehen, so wie Menschen erlittene Traumata unterschiedlich verarbeiten, was wiederum davon abhängig ist, auf welcher Stufe ihrer Entwicklung es über sie hereinbricht, welche vorherigen Erfahrungen sie geprägt haben und von welcher Art das Trauma ist. Es ist sicher ein Unterschied ob – wie in der Mädchengruppe – mit Kindern vor Einsetzen der Pubertät gearbeitet wird und an einem aktuellen Trauma oder ob die unverarbeitete traumatische Erfahrung introjiziert und durch den Entwicklungsschub der pubertären Entwicklung und Adoleszenz sowie durch äußere Ereignisse zu einer Symptombildung führte, die dann eine Behandlung notwendig macht.

„Die von außen aufgezwungene Gewalt führt zur Introjektion der Schuldgefühle, zur Introjektion des Aggressors und der Identifikation mit ihm. ..., es ist nicht das Trauma allein, welches die Introjektion bewirkt, es kommt hinzu, daß niemand da ist, der dem Opfer die Qualität des Traumas und die Realität seiner Wahrnehmung bestätigen könnte. ... Die folgende Verleugnung macht das Trauma pathogen" (Hirsch 1992).

Psychoanalytische Einzeltherapie mit einem Adoleszenten

Nun möchte ich auf meine psychoanalytische Arbeit mit dem eingangs erwähnten Jugendlichen zurückkommen, der zu Behandlungsbeginn bereits Anfang Zwanzig war und dessen aktuelle Traumatisierung auf den Boden eines früheren Traumas fiel. Die Therapie, die in der Regel zweistündig pro Woche durchgeführt wurde, umfaßte einen Behandlungszeitraum von sieben Jahren. In Krisenzeiten bot ich eine weitere zusätzliche Stunde pro Woche an.

Holderegger betrachtet die Übertragungskonstellation, in der der Patient vor allem das primäre Trauma und seine späteren Wiederbelebungen affektiv mitteilt, als eine besondere Herausforderung an das Einfühlungsvermögen und die Technik des Analytikers:

„Das Geschehen in der Analyse hat, was die Konfrontation mit den Folgen des Traumas betrifft, etwas Unausweichliches; es eröffnet aber zugleich eine einzigartige Möglichkeit zum Umgang mit dem Trauma, sowohl im Hinblick auf seine Erforschung als auch auf seine Integration und Überwindung. Es ist für beide, den Analytiker und den Patienten, eine Herausforderung, sich mit dem Trauma auseinanderzusetzen und gemeinsam über die Gesetze der Trauma-Inszenierung nachzudenken, in dieser oft zerstörerischen Wiederholung einen Sinn zu finden und sich gegen die mit der

Umgang mit dem Trauma

traumatischen Erfahrung verbundenen Ohnmacht aufzulehnen" (Holderegger 1993, S. 8). Holderegger, der davon ausgeht, daß in der „traumatisierenden Übertragung" projektive Übertragungsformen eine zentrale Rolle spielen, führt aus, daß der Patient inszeniert, was er verbal (zunächst noch) nicht ausdrücken kann: „Der Analytiker wird also mit einer projektiven Übertragung konfrontiert, weil der Patient von einer Erfahrung erzählt, die er als kleines Kind verständlicherweise nicht in sein Selbst hat integrieren können" (S. 143).

Für Holderegger war es erforderlich, daß er sich selbst direkt mit zumindest einem Teil der Erfahrung des Patienten auseinandersetzte, sich also „traumatisieren" ließ, aber in der Lage war, dieses Erleben reflektorisch zu verarbeiten und so für den psychoanalytischen Prozeß fruchtbar zu machen. Für seine psychoanalytische Arbeit erwies es sich als sehr wichtig, daß er die Art seines Patienten, sich affektiv mitzuteilen, verstand und in Worte zu übersetzen versuchte, für die der Patient zugänglich war. Bion (1992) spricht in diesem Zusammenhang von einem Prozeß der „sekundären psychischen Verdauung".

Die eigenen Erfahrungen mit anderen verstehend teilen zu können, weil ähnliche Prozesse durchlebt worden sind, hat etwas Bestätigendes, Mutmachendes, und die theoretische Einordnung ist hilfreich, um eigene verwirrende Gegenübertragsgefühle besser zu verstehen und sie in geeigneter Form dem Patienten zurückzugeben. So begriff ich in meiner Arbeit mit dem Jugendlichen mehr und mehr, was es bedeutet, sich therapeutisch auf einen frühtraumatisierten Menschen einzulassen, und daß die Phänomene, die ich erlebte, zur Traumatherapie dazugehören.

Die Eingangsszene

Um die Anonymität zu wahren, möchte ich meinen Patienten, der mich erstmals mit einem aktuellen Trauma konfrontierte, Jonas nennen. Er kam zu mir beziehungsweise wurde von einem Freund zu mir gebracht, nachdem er auf einer Demonstration mit der massiven Übermacht der Polizei konfrontiert worden war. „Es war schon eine bedrohliche Situation", erklärte der Freund, „die Polizisten sind behelmt mit heruntergelassenem Visier und mit ihren Schlagstöcken auf ihre Schilde schlagend auf uns Demonstranten zugegangen. Natürlich war auch mir mulmig, ja, ich hatte auch Angst, aber Jonas ist richtig in Panik geraten und hat fluchtartig die Demonstration verlassen, sich in seiner Wohnung verbarrikadiert und ist nicht ans Telefon gegangen. Zunächst habe ich die Reaktion meines Freundes überhaupt nicht verstanden und war ziemlich sauer, daß er sich am Telefon nicht meldete. Dann bin ich aber immer mehr in Sorge geraten und bin zu ihm gefahren und habe so lange an die Tür geklopft, bis er aufgemacht hat. Er war in einem schrecklichen Zustand, voller Angst, völlig wirr." Ich erfuhr dann, daß es in vielen Gesprächen dem Freund gelungen war, Jonas zu überreden, zu mir zu kommen, allerdings nur unter der Bedingung, daß der Freund ihn zu diesem ersten Termin begleitete.

Für mich hatte diese Situation nicht unbedingt etwas Ungewöhnliches. Ich arbeitete schon damals in einer Beratungsstelle des SOS-Kinderdorf e.V. Unsere Arbeit war als stadtteilorientiert und niedrigschwellig bekannt, und in die offene Sprechstunde kamen nicht selten Jugendliche und junge Erwachsene zum Erstgespräch oder in einer Krisensituation in Begleitung einer anderen Person. Dennoch fiel mir auf, daß nur der Freund redete, während Jonas vor sich hin starrte. Er schien abwesend, nicht beteiligt an dem, was hier geschah. Dennoch war er ja mitgekommen, körperlich war er anwesend.

Ich betrachtete ihn. Er machte auf mich einen etwas verwahrlosten, ungepflegten Eindruck. Mir schoß der Gedanke durch den Kopf: „Um seinen Körper hat er sich nicht gekümmert, als gehöre der nicht zu ihm." Dennoch erfüllte seine Körperlichkeit den Raum. Er roch stark nach Schweiß, Angstschweiß. Ich fühlte mich gleichzeitig abgestoßen und dennoch berührt, interessiert. Ich wollte wissen, wo er innerlich war. Ich fragte ihn. Er schaute kurz hoch, doch sein Blick

Umgang mit dem Trauma ✧

ging durch mich hindurch. Ich war erschrocken, hatte das Gefühl, etwas Ungeheuerliches getan zu haben, so daß er mich als Gegenüber ignorieren mußte, indem er einfach durch mich hindurchschaute.

Gleichzeitig wurde mir klar, daß ich ihn direkt nicht erreichen konnte, daß Direktheit etwas Gefährliches hatte. Aber vielleicht konnte ich ihn über den Umweg über seinen Freund erreichen, denn es mußte einen Sinn haben, daß er darauf bestanden hatte, daß dieser ihn begleitete. So sagte ich nach einer Weile: „Sie sind zu zweit hierhergekommen. Beide sind Sie körperlich anwesend, doch nur einer spricht. Und ich frage mich, ob Sie mir damit zeigen wollen, daß es nicht leicht ist, für sich selbst zu sprechen, daß man dazu manchmal einen anderen braucht." Diesmal schaute Jonas mich an, schwieg aber, während sein Freund erklärte, er habe den Eindruck, Jonas stehe immer noch unter Schock, obwohl der Vorfall fast eine Woche zurückliege. Er sei sehr froh, daß er überhaupt mitgekommen sei. Er selbst habe sich allein überfordert gefühlt, Angst um seinen Freund gehabt. Auch für ihn sei es entlastend, jetzt hier zu sein. Er habe die Verantwortung allein nicht mehr tragen können. Er könne nicht verstehen, warum sein Freund so in Panik geraten sei, der sei sonst immer so vernünftig. So wie jetzt habe er ihn noch nie erlebt, daß sei auch für ihn ganz unheimlich und er sei mittlerweile selbst fast am Ende.

Während ich den Freund emotional sehr beteiligt erlebte, wirkte Jonas auf mich jenseits jeglicher Emotionalität.

Der Verlust des Gespürs für den eigenen Körper

Ich war nicht überrascht, in einem zweiten Gespräch, zu dem Jonas dann allein kam, zu erfahren, daß er sich oft nicht spürte. Mit einem Anflug von Verzweiflung erklärte er mir mehrfach: „Irgendwie existiere ich zwar, ich habe aber oft nicht das Gefühl, wirklich da zu sein, teilzunehmen an dem, was um mich herum geschieht. Wenn ich einmal etwas spüre, dann ist es Unruhe, Unsicherheit, Angst."

Er wollte mir damit begreiflich machen, daß er seinen

Alltag zwar einigermaßen organisieren konnte (er lebte allein in einer kleinen Wohnung und ging auch regelmäßig zur Uni), sich aber nicht wirklich lebendig fühlte, daß er keinen Zugang zu Gefühlen wie Geborgenheit, Fröhlichkeit, Lust, Berührtsein, Traurigkeit, Wut hatte. Sein Körper schien ihm seltsam fremd. Er konnte weder Kälte noch Wärme, Schmerz, Hunger und Sattsein wirklich empfinden. Seine Freunde wunderten sich, daß er mitten im Winter nur mit einem T-Shirt bekleidet auf die Straße ging. Oft hatte er das Gefühl, durch eine Glaswand von anderen getrennt zu sein. Eigentlich war es egal, ob er etwas tat oder nicht tat, ob er sich mit jemandem traf oder nicht traf. Auch zu dieser Demonstration sei er nur so mitgegangen, weil die anderen ja auch gegangen seien. Doch als dann die Polizisten auf ihn zugekommen seien, habe er plötzlich wahnsinnige Angst bekommen, so heftige Gefühle habe er noch nie gehabt.

Ich fragte: „Sie hatten Angst, daß die Polizisten Sie schlagen?"

Er schaute mich irritiert an: „Nein, ich hatte Panik, daß ich die Kontrolle verliere, daß ich die Polizisten umbringe!"

Jetzt war ich irritiert, hatte das Gefühl, die Worte nicht richtig verstanden zu haben. Doch er fuhr fort: „Ich hatte plötzlich so ein Wahnsinnsgefühl, hatte Angst, Amok laufen zu müssen, alle umzubringen. Es war wie ein Zwang, etwas tun zu müssen, was ich nicht wollte, ich konnte mich kaum dagegen wehren."

Verzweifelt erklärte er, er sei kein gewalttätiger Mensch, habe nie einer Fliege etwas zuleide getan. Er sei so erschrocken und verwirrt über sich selbst gewesen und habe darum nur noch nach Hause rennen und sich in Sicherheit bringen können.

Ich entschied mich, den jungen Mann in Therapie zu nehmen. Mir war klar geworden, daß es nicht nur um eine Krisenintervention und Aufarbeitung der aktuellen Situation auf der Demonstration ging, die Jonas als traumatisch erlebt hatte. Ich hatte den Gedanken, daß die äußere, durchaus bedrohliche Situation keineswegs hätte traumatisch sein müssen, hätte sie nicht in Jonas etwas angerührt,

Umgang mit dem Trauma &

was möglicherweise auf den Boden einer früheren Traumatisierung fiel. Er hatte Angst, seinerseits gewalttätig zu werden, Angst, den Anderen zu vernichten und – was bemerkenswert war – diese Vernichtungsimpulse als Zwang erlebt, gegen den er sich kaum zu wehren wußte. Sein Freund dagegen hatte Angst, daß es zu einer Eskalation mit den Polizisten kommen könnte, daß sie eventuell auf die Demonstranten einschlagen würden und er Schmerzen spüren müßte, daß er gegen die Übermacht der Polizisten nicht ankommen könnte und daß es vielleicht ein Verfahren geben würde, aber Gedanken an Vernichtung waren ihm nicht gekommen und auch keine Angst vor Kontrollverlust.

Jonas fühlte sich nicht durch die Polizisten, durch die äußere Situation, sondern durch sein Inneres bedroht, durch ein Inneres, das ihm (bis dahin) fremd erschien, nicht zu sich gehörend. Er hatte Angst, Täter zu werden, Täter werden zu müssen. Der Gedanke, Opfer der äußeren Gewalt werden zu können, war ihm nicht gekommen. In seiner Wut, in seinem Haß hatte er sich kurzfristig selbst spüren können und gleichzeitig etwas wahrgenommen, was außerhalb seines Selbst zu sein schien; in seiner Verletzlichkeit und Angst vor Beschädigung spürte er sich nicht.

Mir ging durch den Kopf, daß er mir ja mitgeteilt hatte, daß er oft das Gefühl habe, nicht wirklich lebendig zu sein. Wenn er etwas fühle, dann Unruhe, Unsicherheit, Angst. Ich fragte mich: Hatte er Angst vor tiefen Verletzungen? Angst, daß er mit seiner Lebendigkeit Unheil auf sich ziehen und anrichten könnte? Was war mit den Zwangsgedanken, vernichten zu müssen, was bedeuteten diese eigenartigen, sich fremd anfühlenden Impulse?

Ich erlebte ihn in den anamnestischen Gesprächen unterschiedlich: einerseits mir Inhalte präsentierend, die in mir heftige Gegenübertragungsgefühle auslösten und zu Irritation und Verunsicherung führten, andererseits, so wie er sich beschrieb, wie hinter einer Glaswand vom Anderen getrennt, so isoliert, daß ich immer wieder Sorge hatte, ihn nicht erreichen zu können. Dennoch berührte mich die unendlich scheinende Einsamkeit dieses jungen Mannes, als er immer wieder davon sprach, er würde irgendwie überleben, aber nicht leben, da ihn nichts und niemand wirklich interessierten. Ich war an Ursula Wirtz Buch „Seelenmord" (1989) erinnert, in dem sie die Gefühlszustände von Kindern, die sexuell und emotional ausgebeutet wurden, ebenso beschrieb, wie es mein Patient von sich tat: „Das Menschliche hatte keinen Raum, sich zu entfalten, so daß nichts geblieben ist als Selbstentfremdung und Leere. Um das Leben zu retten, wurde die Seele überantwortet" (Wirtz 1989, S. 61). Diesen Eindruck hatte ich auch von Jonas, er war sich selbst verlorengegangen. Das einzige, was er spürte, waren Angst, Panik und Unsicherheit.

Somatisierung als Angstabwehr

Eine Woche vor seiner ersten Therapiestunde erhielt ich von Jonas einen Brief, in dem er mir mitteilte, er könne die Therapie nicht machen, da er sich eine Stimmbandlähmung zugezogen habe, und ohne Sprache sei die Therapie wohl sinnlos. Erst viel später begriff ich, daß sich seine emotionale Sprachlosigkeit körperlich manifestiert hatte und diese Somatisierung ein unbewußter Versuch war, sich und mich vor erneuten Traumatisierungen zu schützen, aber uns auch die Chance genommen hätte, etwas miteinander zu durchleben, zu verstehen und zu integrieren.

So reagierte ich damals auf seine Sprachlosigkeit, indem ich ihn auch per Brief bat, trotzdem zur vereinbarten ersten Therapiestunde zu kommen, was er dann tat. Ich hatte ein großes Blatt Papier und Farbstifte auf den Tisch gelegt und ihm gesagt, das dies vielleicht eine Möglichkeit sei, mir ohne Sprache etwas mitzuteilen. Ein Lächeln, halb hoffnungsvoll, halb skeptisch, huschte über sein Gesicht. Ich wartete eine Weile. Keine Reaktion. Ich hatte plötzlich das Gefühl, ich dürfe nicht reden, ich müßte aber dennoch beginnen, ihn quasi einladen, mit mir in Beziehung zu treten. Ich mußte an das Buch „Wenn man mir erlaubt zu sprechen" von Domitila, einer Südamerikanerin, denken, die in einem totalitären Staat lebte (Viezzer 1979). So schrieb ich auf das Papier:

Umgang mit dem Trauma

„Schön, daß Sie gekommen sind, daß Sprachlosigkeit nicht Beziehungslosigkeit oder Beziehungsende bedeuten muß."

Als ich dies schrieb, dachte ich: „Eigentlich hätte er das schreiben müssen. Ich übernehme da was für ihn." Mir fiel wieder die Situation mit seinem Freund in der Eingangsszene ein, sein Freund hatte für ihn gesprochen. Erst in der zweiten Stunde konnte er selbst sprechen, über seine Gefühllosigkeit und über Gewaltphantasien, die sich zwanghaft seiner bemächtigten, gegen die er sich nicht wehren konnte, die ihm aber Angst machten und verwirrten. Wahrgenommene Gefühle waren also mit Angst und Verwirrung verbunden. Da er immer noch nicht reagiert hatte, griff ich erneut zum Stift und schrieb: „Vielleicht gibt es ja etwas in Ihrem Leben, was Sie mir weder durch Worte noch sonstwie meinen mitteilen zu können, weil sich alles so verwirrt hat." Erschrocken sah er mich an. Dann überlegte er eine Weile, griff zum Stift und schrieb: „Ich weiß nicht, ob es Worte gibt. Ich kann, ich darf etwas nicht aussprechen. Irgendetwas geht nicht. Es ist so ein Durcheinander; ich weiß nicht warum ..."

Dieses „Nicht-wissen-Warum" war lange Zeit Thema in den nächsten Therapiestunden. Zunächst bezog es sich auf seine Stimmbandlähmung. Er füllte das Blatt, das zwischen uns auf dem Tisch lag, mit unendlich vielen Warum-Fragen, wie ein kleines Kind, das die Welt begreifen möchte und nach jeder Erklärung des Erwachsenen eine neue Warum-Frage stellt, weil es den ganzen Sinn noch nicht begriffen hat. Von Stunde zu Stunde wurde sein Schreiben hektischer, chaotischer. Isolierte Wörter reihten sich an isolierte Wörter wie: „ekelhaft, sinnlos, rational, unvernünftig, Zwang, entsetzlich, Tod, grauenhaft tötend". Es schien nichts Verbindendes zu geben. Ich hatte den Eindruck, daß er für das, was in ihm vorging, keine zusammenhängenden, sinngebenden Worte zur Verfügung hatte. Meinen Vorschlag, es in einem Bild auszudrücken, wies er von sich, mit Bildern könne er nichts anfangen. Stumm und voller Anspannung kritzelte er auf das Blatt. Seine Versuche, sich doch mittels gesprochener Sprache verständlich zu machen, wirkten wie ein erstickter Schrei. Meine Bemühungen, etwas von ihm verstehen zu wollen, gingen ins Leere. Ich erreichte ihn mit meinen Worten nicht.

Das Problem der „Traumatisierenden Übertragung"

Mich überfiel ein Gefühl von Hilflosigkeit und Inkompetenz, gefolgt von unterdrückter Wut, daß er sich mir so entzog. Erst als ich begriff, daß ich in der Subjektübertragung die bisher abgespaltenen Gefühle des Patienten spürte, fand ich die Worte, die ihn berührten. Ich sagte ihm: „Ich glaube, Sie haben mich in den letzten Stunden etwas fühlen lassen, was kaum auszuhalten, geschweige denn in Worte zu fassen ist. In Ihnen ist so viel Verzweiflung, so viel unterdrückte Wut und so viel Resignation, daß Sie von der Vorstellung blockiert sind, selbst ein lautes Schreien könnte Ihnen nicht helfen, sich von dem Furchtbaren zu befreien, das Sie fast ersticken läßt. Alles ist sinnlos, schreien, strampeln, sich wehren. Und ich glaube, Sie haben große Angst, daß Sie einem anderen etwas Schlimmes antun könnten, wenn Sie etwas aus sich herauslassen."

An seinem Blick spürte ich, daß ich etwas Zentrales von ihm verstanden hatte. Er schrieb auf, was ihm einfiel. Seine Mutter habe ihm erzählt, er habe sich immer „weggeschrien", und er erinnerte sich, daß er schon als Kleinkind unter Asthma gelitten habe, daß man ihn geschüttelt und angeschrien habe. Er sei schon damals an seinem eigenen Schrei erstickt. Er habe immer das Gefühl gehabt, er dürfe nicht schreien, dann platze sein Kopf.

Nach dieser Stunde fand Jonas seine Stimme wieder. Ich konnte es kaum glauben; ich war so überrascht. Einerseits empfand ich große Freude und Hoffnung auf weitere Veränderungen, andererseits auch ein wenig Angst vor den Möglichkeiten des Erkennens und der Macht der gesprochenen Worte.

Einer der ersten gesprochenen Sätze, nachdem Jonas seine Sprache wiedergefunden hatte, war: „Ich bin das, was ich Ihnen rüberbringen kann, das, was Sie von mir annehmen und ich bei Ihnen wiederfinden kann." Seine Angst, plötz-

Umgang mit dem Trauma ∞

lich ins Leere zu fallen, hatte sich aufgelöst, und er sagte: „Auch die Angst, Sie umzubringen, ist nicht mehr da, da ich spüre, daß Sie mich nicht umbringen. Dennoch sollen Sie da sein, um sich und mich vor der tödlichen Aggression zu schützen."

Holderegger schreibt zu diesem Vorgang: „Bestimmte Gefühle können im Patienten erst aktiviert und integriert werden, wenn sie der Analytiker in seiner Gegenübertragung selbst bewußt empfunden und in ihrer Bedeutung erkannt hat. Er muß es wagen, seine Gegenübertragungsgefühle in instrumentaler, indirekter Weise in den Deutungsprozeß einzubeziehen, um die Affekte, die das Introjekt auslöst, deutlich und offen zu beschreiben, denn dieses Vorgehen ist eine der wichtigsten Voraussetzungen für die Trennung von Bildern des Selbst und denen des Introjekts" (1993, S. 33).

Jonas konnte jetzt emotional beteiligter über immer wiederkehrende Phantasien sprechen, wie er seine Eltern umbringen würde. Eigene, auf ein Objekt gerichtete Wut- und Haßimpulse waren für ihn spürbar geworden, aber auch der Haß und die sadistische Lust, die ihm von seiten der Eltern entgegengebracht worden waren. Viele Erinnerungen tauchten auf. Zu dieser Zeit ging er nicht nach Hause zu Besuch. „Sonst müßten Sie mich anschließend im Knast besuchen", erklärte er.

Das Problem der Grenzsetzung

Mir wurde manchmal übel von seinen sadistischen Phantasien. Ich fühlte mich zunehmend unwohl und hätte am liebsten die Stunden mit ihm abgesagt. Oft spürte ich einen unendlichen Ekel. Ich war verwirrt und versuchte krampfhaft zu verstehen, was er mir damit mitzuteilen versuchte. Ich empfand ihn in seinem Sprechen als grenzüberschreitend und wußte zunächst nicht, wie ich mich gegen seine Übergriffe wehren konnte, ohne daß er sich zurückgewiesen fühlen mußte. Ich hatte die Vorstellung, seinen lang unterdrückten Aggressionen Raum geben zu müssen, doch er fand allein keine eigene Grenze, konnte sie wohl auch nicht finden. Wieder hatte ich den Eindruck, etwas zu spüren, was primär zu ihm gehörte – was ich aber, um ihn gefühlsmäßig wirklich zu verstehen, selbst spüren mußte. Als meine Wut- und Ohnmachtsgefühle heftiger wurden, begriff ich, daß sich Jonas so seinen Eltern gegenüber gefühlt haben mußte, daß es ihm nicht möglich gewesen war, Grenzen zu setzen, sich zu wehren und seiner Verwirrung Herr zu werden. Es ging also darum, daß ich ihm Grenzen setzte und bewußtmachte, daß er mich ähnlich behandelte, wie seine Eltern ihn behandelt hatten, und welche Gefühle das auslöste; daß er in seiner Wut, in seinem Wunsch, mich zu überwältigen, ankommen konnte, daß ich mich dagegen aber zu wehren wußte.

Auch als er eine Stunde damit begann, daß ich unbedingt die intimen Briefe einer Freundin lesen müsse, sein existentielles Sein hinge davon ab, und ich das Gefühl hatte, dadurch in eine Intimität hineingezogen zu werden, die ich keineswegs wollte, und Urszenenphantasien in mir hochstiegen, konnte ich ihm sagen, daß ich die Briefe auf keinen Fall lesen würde, ich aber den Eindruck hätte, er versuche, mich zu zwingen, an etwas teilzuhaben, was ich absolut nicht wolle, und ich würde mich fragen, ob er mir damit nicht wieder etwas über sein Erleben als Kind mitzuteilen versuche, daß er zu etwas gezwungen worden war, was er absolut nicht gewollt habe.

Seine Reaktion war erstaunlich. Er sagte, es sei komisch, er fühle sich zum ersten Mal tieftraurig, aber auch gleichzeitig sehr froh. Zum ersten Mal habe er das Gefühl, in diesem Raum seien nur wir, er und ich, und er fühle sich in seiner Haut sehr abgegrenzt. Nie habe er sich getraut, klar und deutlich nein zu sagen. Wie verflüssigte Speise, wie Suppe, die in einen Teppich einsickere, habe er sich gefühlt. Die einzige Chance sei gewesen, sich zu isolieren, dichtzumachen.

Die nächste Stunde begann er mit dem Satz, er habe sich nach der letzten Stunde sehr befreit gefühlt, er wisse gar nicht warum. Dann schaute er mich fragend an und sagte mit einem Anflug von Koketterie: „Sie wissen bestimmt besser darüber Bescheid." Ich fühlte mich aufgefordert, ihm zu sagen, was in der letzten Stunde war, tat dies aber nicht. Meine Nichtreaktion, mein Abwarten führten dazu, daß er unendlich viele Phantasien produzierte, in denen er sich zu verlieren schien, wie zum Beispiel, er sei dampfendes Wasser, und unter ihm sei ein großes Feuer, er könne nun das Feuer weiter anlodern, er könne es aber auch nachlassen und abstellen. Beide Vorstellungen seien frustrierend. Da ich ihn zurück in unsere Beziehung holen wollte, fragte ich ihn, was er meine, was seine Phantasien jetzt mit der Situation hier zwischen uns zu tun hätten.

Er antwortete, er habe große Angst, wirklich zu spüren, was jetzt sei. Es sei einfacher, in Phantasien zu schwelgen. Manchmal wisse er auch nicht, was sei Phantasie, was Realität. Er fügte dann Phantasie an Phantasie, und mir wurde der Abwehrcharakter der Phantasien sehr deutlich. Gleichzeitig bemerkte ich seine verkrampfte Körperhaltung. Mir schoß der Gedanke durch den Kopf, in seinen Phantasien ist er *frei* schwebend, ohne emotionale Beteiligung; in seinem Körper völlig in sich verfangen. Ich spürte, daß er mich durch das Bombardement seiner teils sadistischen, teils wirren Phantasien dazu bringen wollte, daß ich wieder die Initiative ergriff. Einerseits fühlte ich mich manipuliert und wollte mich verweigern, andererseits war ich plötzlich unsicher, ob er wirklich spüren konnte, was er tat. Da ich mich zunehmend unwohl fühlte, der Anblick seines verkrampften Körpers schwer aushaltbar war und sein Sprechen immer verrückter wurde, entschied ich mich, diesem unangenehmen Miteinander ein Ende zu machen und sagte: „Sie erzählen mir ihre Phantasien, als gehörten diese nicht zu ihnen. Ich spüre aber, daß sie bei mir etwas damit bewirken wollen. Wie in der letzten Stunde habe ich das Gefühl, daß Sie wollen, daß ich eine Grenze setze, daß ich Ihnen sage, daß es schmerzhaft ist, Ihnen zuzuhören, daß ich das Gefühl habe, sie verlassen unsere Beziehung, um nicht zu spüren, daß in Ihrem Körper ganz viel Schmerz ist, daß Sie ganz verkrampft auf ihrem Stuhl sitzen."

ᴄʌ *Angelika Holderberg*

Rückgewinnung der Körperlichkeit

Ja, Schmerz spüre er, sagte er, und wieder so eine tiefe Traurigkeit. Jetzt spüre er auch eine Verkrampfung in seinen Fingern, ja, zum ersten Mal spüre er seine Finger, seine Hände.

Je bewußter er sich seiner Körperlichkeit wurde, desto mehr schmerzhafte Erinnerungen tauchten auf. Oder war es umgekehrt? Je mehr er sich erinnerte, desto schmerzhafter spürte er seinen Körper und wurde anfälliger für körperliche Unpäßlichkeiten?

In einem sehr langen, äußerst schmerzhaften therapeutischen Prozeß wurde die Leidensgeschichte dieses jungen Mannes deutlich, der genau wie seine beiden Brüder bereits als Kleinkind sexualisierter Gewalt von seiten beider Eltern ausgesetzt war. Als Kind lebte Jonas in einer Welt voll schrecklicher Geheimnisse, die er nicht fassen, nicht begreifen, geschweige denn benennen konnte. Das, was mit ihm geschehen war, wurde von den Eltern geleugnet, seine Realitätswahrnehmung als kindliche Phantasie hingestellt.

Der Psychoanalytiker Arno Gruen (1991) führt aus:

„Wenn ein Kind von demjenigen, der es schützen sollte, körperlich und/oder seelisch überwältigt wird und wenn es zu niemandem fliehen kann, wird es von einer überwältigenden Angst heimgesucht. Eine Todesangst, denn die Macht der Eltern kann das seelische Sein ihres Kindes in seiner autonomen Wahrnehmungs- und Reaktionsfähigkeit auslöschen" (1993, S. 135).

Jonas' Traumatisierung war nicht durch ein einmaliges Ereignis entstanden. Es war Folge vieler sich ständig wiederholender Geschehnisse, einer traumatischen Beziehungsstruktur. Außerdem wurde er so früh traumatisiert, daß sein noch nicht vollständig entwickeltes Ich die bedrohlichen Affekte, für die er noch keine Worte zur Verfügung hatte, nicht integrieren konnte. Nicht verstehbare Körpersensationen und emotionale Leere sowie zeitweises Überflutetwerden mit Gefühlen der Angst und Verwirrung, die mit einer diffusen Verschmelzung von Bildern einhergingen, die das Introjekt und das kindliche Selbst repräsentieren, waren die Folgen. Es war ihm nicht möglich, klar zwischen sich und dem Anderen zu unterscheiden; Nähe war mit Verwirrung und existentieller Angst verbunden, sich oder den Anderen zu vernichten oder durch ihn vernichtet zu werden.

Die Einführung des Dritten

Je mehr Jonas sich seine Geschichte aneignete, desto mehr Zugang bekam er auch zu seinen Wünschen nach Körperlichkeit, Nähe, Erotik und Sexualität. Hatte er zunächst jegliches sexuelles Interesse von sich gewiesen, so kamen ihm jetzt Zweifel. Er sagte, er habe Angst, sexuelle Lust zu spüren, weil er dann ja verantwortlich für den Mißbrauch sei. Dann entwickelte er die Phantasie, nur ich könne ihn von dieser Angst befreien, wenn ich mich auf eine körperliche Beziehung zu ihm einlassen würde. Dabei gehe es ihm, wie er sagte, um nichts Sexuelles, sondern einfach darum, daß ich ihn körperlich annehmen könne, ihm das Gefühl gebe, daß er ein attraktiver Mann sei. Wieder gingen meine Deutungsversuche ins Leere. Meine klare Grenzsetzung erlebte er als bösartige Verweigerung, die ihn immer und ewig davon fernhalten würde, sich durch einen anderen Menschen körperlich zu spüren, was aber existentiell wichtig für ihn sei. Auch ich mißbrauche ihn, weil ich ihn mit meiner analytischen Haltung in ein System zwänge, daß mit ihm nichts zu tun habe.

Es war nicht nur mein analytisches Über-Ich, daß mich davon abhielt, ihn in den Arm zu nehmen. Es war ein klares, sicheres Gefühl, daß ich – nicht nur als Analytikerin – dies auf keinen Fall wollte. Ich spürte seine Not und bekam ein Gefühl für die Wichtigkeit körperlicher Berührung, die nicht übergriffig war. Ich sagte ihm das und daß ich nicht nur als Analytikerin ihm dies verweigere, sondern weil *ich* es nicht wolle. Auf seine Wünsche einzugehen würde für mich bedeuten, etwas Wesentliches von mir zu negieren, und ich sei sicher, eine Umarmung unter solchen Voraussetzungen würde auch bei ihm ein Gefühl von Leere und Betrogensein hinterlassen. Ich könne mir aber vorstellen, daß er das, was er so dringend brauche, bei einer anderen Frau finden könnte, die über andere Möglichkeiten als ich verfüge.

Für etwa eineinhalb Jahre hatte Jonas dann parallel zu unseren Sitzungen Stunden bei einer Körpertherapeutin. Er machte so die Erfahrung, daß zwei unterschiedliche Menschen mit ihm unterschiedlich arbeiteten, daß wir Therapeutinnen wertschätzend miteinander umgingen und er nicht auf einen einzigen Menschen angewiesen war, daß wir einander ergänzten und so unsere jeweiligen Grenzen akzeptierten und respektierten.

Meines Erachtens manifestiert sich das Trauma auch im Körper, besonders wenn es um Mißhandlungen und sexuelle Übergriffe ging. Für Jonas war es hilfreich, neben der Therapie bei mir auch eine körperbezogene Erfahrung in einem gesicherten Raum machen zu können. Durch dieses besondere Setting machte er gleichzeitig die Erfahrung einer Triangulierung. Hatte er bisher seine Eltern als „autoritäre Masse" wahrgenommen, so stellte er nun erstaunt fest, daß er für die Körpertherapeutin ganz andere Gefühle hegte als für mich. Wir durften uns unterscheiden, und er durfte unterschiedliche Gefühle für jede von uns haben.

Nach Beendigung der Körpertherapie war Jonas noch mehr als zwei Jahre bei mir. Er hatte verstanden, daß ein Mensch nicht *alles* geben kann, daß es auch darum geht, Begrenztheit anzuerkennen, und daß es Wahlmöglichkeiten gibt. Bei der Auswahl seiner Freunde und Freundinnen war er jetzt kritischer, er brach sein Studium ab, nachdem ihm klargeworden war, daß seine Interessen auf ganz anderen Gebieten lagen, und machte eine Ausbildung, die er erfolgreich abschloß. Auch in seinem täglichen Tun und dabei, wie er mit Menschen und Situationen umging, entdeckte er Entscheidungsfreiheiten. Zu dieser Zeit sagte er einmal: „Mir war das damals nicht so klar, doch als ich zu Ihnen kam, hatte ich nur drei Alternativen, entweder mich umzubringen, zum Alkoholiker zu werden oder eine Therapie zu machen. Ich habe mich für das letzte entschieden, meine beiden Brüder – wie Sie wissen – leider für die anderen Alternativen."

Umgang mit dem Trauma

Auch das haben wir gemeinsam getragen und durchgearbeitet, den Suizid des einen Bruders und den Alkoholismus des anderen Bruders und die damit verbundenen Gefühle von Ohnmacht, Hilflosigkeit und Schuld, aber auch Dankbarkeit für den Freund, der ihn damals zu mir gebracht hatte.

In der Therapie mit Jonas hatte ich verstanden, daß es nicht nur um Bewußtmachung innerer Konflikte und das Benennen bisher abgewehrter Inhalte und Affekte sowie der damit einhergehenden Phantasien und Erinnerungen ging, sondern auch um das Erleben, daß das, was innerlich in ihm vorging, von einem anderen, also von mir, begriffen (im doppelten Wortsinn), emotional nachvollzogen, mitgetragen und in eine Sprache gebracht wurde, die ihn erreichte. Er mußte zunächst durch mich erfahren, daß ich ohne Gefahr Gefühle spüren und benennen durfte und aktiv werden konnte, ohne existentiell gefährdet zu sein oder andere zu gefährden. Erst dann konnte er sie als seine eigenen anerkennen und integrieren.

Gegen Ende der Therapie sagte er etwas, was mich sehr berührte:

„Ich hatte den Glauben an die Sprache, daran, mich durch Worte verständlich machen zu können, verloren. Zu oft hatte ich erfahren, daß Worten nicht zu trauen ist, daß sie Schlimmes auslösen können. Immer wieder hatte ich ja auch erlebt, daß eine Sprache, durch die ich für mich nichts bewirken kann, sinnlos ist. Jetzt habe ich das Gefühl, eine ganz neue Sprache zu sprechen, eine Sprache, die ich fühlen kann, eine Sprache, die stimmt!"

Literatur

Bion, W. (1992): Lernen durch Erfahrung. Frankfurt a. M.
Ferenczi, S. (1932): Sprachverwirrung zwischen dem Erwachsenen und dem Kind. Bausteine zur Psychoanalyse, Band III. Stuttgart, 1964.
Gruen, A. (1991): Falsche Götter. München, 1993,
Hirsch, M. (1992): Fremdkörper im Selbst. Erweiterte Fassung eines auf der DGPT-Jahrestagung 1992 in Lindau gehaltenen Vortrags.
Holderegger, H. (1993): Der Umgang mit dem Trauma. Stuttgart.
Reemtsma, J. P. (1997): Im Keller. Hamburg.
Reemtsma, J. P. (1998): Noch einmal: Wiederholungszwang. In: Schlösser, A.-M.; Höhfeld, K. (Hg.), Trauma und Konflikt. Gießen, S. 293–308.
Rust, G.; Wolber, G. (1996): Ich hab ein ganz schmutziges Herz. Hamburg (zu beziehen über: Kinderschutzzentrum Hamburg, Emilienstraße 78, 20259 Hamburg).
Viezzer, M. (1976): Wenn man mir erlaubt zu sprechen ... Zeugnis von Domitila, einer Frau aus den Minen Boliviens. Bornheim-Merten, 1979.
Wirtz, U. (1989): Seelenmord. Zürich.

Ursula Volz

„Ich bin wieder ein Mensch" – Psychoanalyse des frühen Kindheitstraumas

Anliegen dieses Beitrags ist es, anhand der Behandlung von erwachsenen Patienten zu vermitteln, was geschehen kann, wenn Kinder mit Traumareaktionen keine Hilfe bekommen.

Menschen, die im ersten Lebensjahr schwere Traumata erlitten haben, suchen als Erwachsene häufig Hilfe wegen psychosomatischer Symptombildung, Panikattacken, psychotischer Krisen, Depressionen, Suizidalität, Sucht, sexueller Störungen und besonders häufig wegen unglücklicher Partnerschaften und Schwierigkeiten in der lebensbegleitenden Fürsorge für ihre Kinder. Die für Traumatisierte typische Aufgeregtheit weist auf ihren Mangel hin, sich selbst zu beruhigen, zu trösten und durch wunschgeleitetes Phantasieren und Handeln für sich selbst ausreichend gut zu sorgen, worauf H. Krystal hinweist (1997).

Ich gebe Ausschnitte der psychoanalytischen Behandlung einer Patientin wieder, die im ersten und zweiten Lebensjahr durch Hospitalisierung mit neunmonatiger Trennung von den Eltern und einer Operation schwer traumatisiert wurde. Als sie 33jährig Hilfe suchte, war sie sehr depressiv und suizidal. Sie hatte vor, sich mit Zyankali umzubringen. Nach vierjähriger Psychoanalyse mit einer Frequenz von vier Stunden pro Woche konnte sie die neuen Erfahrungen in der therapeutischen Beziehung annehmen und zum Aufbau veränderter Selbst- und Objektrepräsentanzen nutzen: Ihr gelang der Aufbau eines neuen inneren Bildes von einem haltgebenden Selbst, das für sich sorgen und sich beruhigen kann, sowie der Aufbau einer Vorstellung von einer schützenden, Sicherheit gebenden Mutter und eines Orientierung vermittelnden und trauernden Vaters. Damit wurde zwischen ihren Selbst- und Objektrepräsentanzen ein innerer Dialog möglich, der Halt, Schutz und Trost gibt. Sie war in der Psychoanalyse in ihrer Lebens- und Liebesfähigkeit gewachsen und damit gesundet.

Zwei Leitlinien

Als Kompaß auf dem Weg durch die Falldarstellung dienen mir zum einen das Traumkonzept und zum anderen eine Therapietechnik in Erwachsenenanalysen bei frühem Trauma.

Zum Traumakonzept

Im gegenwärtigen Traumakonzept wird die Beschädigung der Repräsentanzfunktion und der Symbolisierungsfähigkeit beschrieben. Traumatische Ereignisse (lange, frühe Trennungen, Mißhandlungen, Vernachlässigung des Kindes) führen zu Lücken in Erfahrungsmustern im Umgang mit sich selbst wie mit anderen, die zwischen den Generationen weitergegeben werden. Nach Kinston und Cohen (1987, S. 43) führt das Versagen der Repräsentanzfunktion zu einem Mangel oder gar zum Fehlen von Verstehen. Die Autoren sprechen metaphorisch von einem Loch in der psychischen Struktur, dessen Heilung vorrangige Aufgabe der Psychoanalyse sei.

Die Neurowissenschaften erklären, daß frühe Interaktionserfahrungen „in der Kartographierung der funktionellmorphologischen Struktur des Gehirns ihre Spuren" hinterlassen (Bürgin 1998, S. 46). Die traumatische Erfahrung und ihre emotionale Bedeutung führt zu Fehlkategorisierung sensomotorischer affektiver und kognitiver Abläufe. Dadurch werden das Empfinden von Zeit und das Geschehen nicht vergangenheitsfähig; das Vergangene bleibt präsent und bedrohlich.

Spezielle Therapietechnik in Erwachsenenanalysen bei frühem Trauma

Die speziellen Therapietechnik des frühen Traumas in Erwachsenenanalysen zielen auf die Herstellung der Repräsentanzenfunktion und der Symbolisierungsfähigkeit.

Aufgrund der Symbolisierungsstörung werden Traumafragmente von Betroffenen in Handlungen umgewandelt und eher über Inszenierungen als über Sprache vermittelt. Im Trauma geschah Abbruch von Handlungen, Beziehungen und Bedeutungen. Infolgedessen inszenieren Traumatisierte häufig und früh Abbruch oder drohenden Abbruch in der Therapie. Die für Traumatisierte typischen Abbruchtendenzen, Neigung zu Mißverständnissen, aggressiven und paranoiden Beziehungsgestaltungen zu Beginn der Analyse werden in Zusammenhang mit einem erlittenen Trauma gebracht. Wird dieses Bild, diese Konstruktion eines Traumas dem Patienten früh in der Analyse mitgeteilt, so wirkt es kurativ, weil es Zuversicht und affektive Berührung auslöst. Es ist, als schaffe der Analytiker mit der frühzeitigen Konstruktion über ein Trauma eine Kontaktfläche, eine Oberfläche oder eine Art seelische Haut, die einen ersten Halt im psychoanalytischen Prozeß gibt (vgl. das Konzept der autistischberührenden Position von Ogden 1989). Die Mitteilung der Konstruktion über ein Trauma reguliert die für Traumapatienten typischen Tendenzen, die Therapie abzubrechen – wie gleich auch in der Fallgeschichte deutlich wird.

Unter den Bedingungen einer anhaltend nährenden therapeutischen Beziehung kommt es phasenweise zu zeitlich umschriebener, tranceartiger Regression mit therapeutisch wirksamer Wiederbelebung früher traumatischer Erfahrungen. Während der Patient in der Initialphase der Behandlung die Traumareaktionen flüchtig, eher affektlos erleidet, ist er in dieser regressiven Phase affektiv stark beteiligt. Die

Technik der detaillierten Beschreibung koenästhetischer, sensomotorischer, bildhaft halluzinativer Wahrnehmung sowie archaischer Affekte und Handlungsimpulse in Gegenübertragung und Übertragung führt über neue körperliche, emotionale und kognitive Erfahrungen zur Neubildung von Repräsentanzen. Damit verändert sich die psychische Struktur.

Die repräsentanzbildende Arbeit befähigt den Patienten, in Objekt- und Konfliktpositionen zu kommen und sie halten zu können – einschließlich seiner Wünsche, Phantasien und Bedeutungsfindungen. Jetzt wird das Trauma mit neurosen-psychoanalytischer Technik auch als Konfliktabwehr bearbeitbar.

Die Arbeit führt im Ergebnis zu einer Transformation des Traumas durch schrittweise Veränderung seiner innerpsychischen Repräsentation. Aus Abspaltung, Abkapselung und Dissoziation werden seelische Realität und Konfliktfähigkeit. Damit wird die traumatische Bedrohung, die zu Therapiebeginn als real gegenwärtig erlebt und deren Wiederholung erwartet wird (Küchenhoff 1990; Holderegger 1993), symbolisierbar und vergangenheitsfähig.

Klinisches Material zum Erscheinen der Traumareaktion in der initialen Beziehungsgestaltung

Konstruktion über ein frühes Trauma (erste Stufe der Traumabearbeitung)

Nina ist zu Analysebeginn 33 Jahre, lebt allein und arbeitet als Lehrerin. Ein Freundespaar hat die Beziehung zu ihr abgebrochen, weil sie mit dem Mann eine sexuelle Beziehung eingegangen ist. Sie gerät in einen hilflosen Zustand von Unwerterlebnissen, Schuldgefühlen, Scham, innerer Leere und chronischen Infektionen (obere Luftwege, Unterleib, Magenschleimhautentzündungen). Sie ist anorektisch. Die Schüler klagen über ihren schlechten Unterricht. Ihre

Psychoanalyse des frühen Kindheitstraumas ↢

bisher wichtigste Überlebenstechnik, die intellektuelle Tüchtigkeit, ist bedroht. Als sie im Erstinterview über Zyankali als Ausweg spricht, erlebe ich ihre Hoffnungslosigkeit. Sie merkt, daß ich sie verstehe.

In der 1. Stunde auf der Couch liegend, spielt sie mit den Wollfäden des Wandteppichs neben ihr und sagt, daß sie es schön hier findet. Sie erzählt dann, daß sie gestern beim Hausarzt ihre Akte schnell durchsuchte, als er aus dem Zimmer gerufen wurde. Dabei fand sie einen Brief von mir mit der Diagnose: depressive Neurose. „Das hört sich so krank an. Mußten Sie das schreiben? Jetzt habe ich wieder Kopfschmerzen."

Mir gefällt, daß sie offen vom Übergriff auf die Akte des Arztes erzählt und daß sie neugierig und interessiert an sich selbst geblieben ist. Zugleich werde ich aufmerksam auf ihren Mangel an Grenzen sowie an Vertrauen, den Arzt einfach zu fragen, was sie wissen will. In mir beobachte ich Impulse, der Patientin von hinten auf den Kopf zu schlagen. Ich spüre deshalb Peinlichkeit und Scham und werde auf Ninas sadomasochistische Beziehungserfahrungen aufmerksam.

Durch ihre Frage fühle ich mich kontrolliert und außerdem etwas schuldig, als hätte ich sie mit dem Brief verraten. Innerlich wehre ich mich dagegen, indem ich denke, sie kann einem Ärzte-Paar doch glauben, daß es sich im Guten für sie einsetzt. Mir wird deutlich, daß sie ihre Schuldgefühle wegen ihrer Schnüffelei auf mich projiziert, ich mich mit ihnen identifiziere und sie ihren auf mich projizierten Schuldaffekt mit ihrer Frage kontrolliert. Dieses projektiv-identifikatorische Muster in unserer Beziehungsgestaltung lenkt meine Aufmerksamkeit auf frühe Störungsanteile. Deshalb entscheide ich mich, auf ihren Kopfschmerz zunächst als Zugang zu ihrem Körperbild einzugehen, und hebe andere Lesarten der Szene in mir auf.

„Ihr Kopfschmerz tritt hier in einem Zusammenhang auf, in dem es um Ihre Sicherheit in unserer Beziehung geht, an der Sie zweifeln. Fühlen Sie sich durch meinen Arztbrief verraten?" Sie lacht wie erleichtert auf und bittet mich um

Auskunft darüber, was eine depressive Neurose sei. Nachdem ich einige Sätze gesagt habe, unterbricht sie mich: „Mein Kopf hat einen Selbstschutzmechanismus entwickelt. Ich höre Ihre Stimme, verstehe aber nicht, was Sie sagen. Dabei habe ich die Vorstellung, auf Ihre Augen und Ihre Lippen zu sehen. Das passiert mir draußen auch oft."

Im Moment bin ich ganz überrascht und befremdet. Sie blendet Wörter als sinnvermittelnde Strukturen in der Beziehung zu mir aus. Nicht das Was, sondern das Wie meiner Mitteilung erscheint wichtig. Dann denke ich, sie beschreibt das Kontaktverhalten eines Babys, das hinschaut und auf Stimme und Wörter lauscht.

In der Folgestunde prüft sie, ob ich genug Kraft habe, sie mit ihrer verdeckten intensiven Wut anzunehmen, die sie derzeit in einer Blasenentzündung seit Analysebeginn ausdrückt. Es tut ihr gut, daß wir sorgfältig über Maßnahmen für ihren Körper (wie Wärme, ausreichendes Trinken) sprechen. Damit versuche ich, ihre Fähigkeit zur Fürsorge für sich selbst zu unterstützen. Sie vertraut mir sexuelle Ängste und sadomasochistische Phantasien an. „Als Kind hatte ich panische Angst vor Sexualität. Als Siebenjährige wachte ich einmal auf, als die Mutter nachts zum Vater ging. Ich sah sie beim Vater in höchster Gefahr und schrie in Panik. Die Mutter kam zu mir und sagte, vergiß es." Das sagt Nina mit kalter Wut.

Ich habe den Eindruck, daß der erinnerbaren Panik der Siebenjährigen eine nichterinnerbare, namenlose Panik zugrunde liegt, für die es kein Bild gibt. Während ich mich frage, ob sie fürchtet, daß auch ich Unmögliches von ihr verlange – nämlich Unvergeßliches zu vergessen, spricht sie von Plänen, mit ihrem Freund, den sie seit Analysebeginn kennt und der sie schlägt, in einem halben Jahr wegzuziehen nach Süddeutschland.

Diese Mitteilungen treffen mich wie ein Schlag und sind mir unverständlich. In das Unbestimmte der Situation mischt sich für mich noch der Zyankali-Ausweg, mehr als Gedanke, befremdlicherweise nicht als bedrohliches Gefühl. Affekte sind abgespalten.

Psychoanalyse des frühen Kindheitstraumas

Ich verstehe den Ablauf so, daß Bruchstücke des Traumas zwischen uns auftauchen. Zunächst füge ich für mich Handlungen und Themen zusammen, die mich in diesen ersten Stunden befremdet haben und die ich deshalb als Traumafragmente einschätze: ihr Spiel mit dem Wandteppich, ihr Wegtauchen aus dem Wortkontakt in einen babyartigen Modus des Blick- und Hörkontakts, die Panik der Siebenjährigen als vermutete Deckerinnerung für eine nichterinnerbare, namenlose Panik, ein sie schlagender Liebhaber seit Analysebeginn sowie der Plan, die Analyse in einem halben Jahr abzubrechen. Aus diesen Details gewinne ich ein Bild, daß sie während ihrer Babyzeit getrennt wurde. Ich sage:

„Die Aufforderung der Mutter damals, Unvergeßliches zu vergessen, macht Sie bis heute wütend. Vielleicht fürchten Sie, daß zwischen uns Wut aufkommt, weil auch ich Unmögliches von Ihnen verlangen könnte. Mich lassen Sie den Eindruck gewinnen, daß es noch mehr Unvergeßliches in Ihrem Leben gibt. Am Ende der ersten Stunde, sprachen sie von Ihrer Vorstellung, so auf meine Augen und Lippen zu schauen, wie kleine Kinder es tun, bevor sie sprechen können; jetzt deuten Sie an, die Analyse in einem halben Jahr durch Wegziehen zu beenden. Mit diesen Hinweisen bringen Sie mich auf die Idee, daß Sie als sehr kleines Kind von ihren Eltern getrennt worden sind."

Zum erstenmal spricht sie mit lebhaft kräftiger Stimme. „Ich staune, welche Zusammenhänge Sie herstellen. Ich wurde mit noch nicht zwei Jahren länger zu Verwandten gegeben, weil meine Mutter durch mich überfordert war."

In der Folgestunde berichtet sie, daß sie nach der letzten Stunde erstmals seit der Pubertät wieder Hunger spürt. Sie vertraut mir ihre Anorgasmie an. (Ihr Gewicht normalisierte sich in den folgenden Wochen.)

Dann erzählt sie, was sie von der Mutter erfahren hat: Nach dem Abstillen mit etwa einem halben Jahr vertrug sie die Ersatznahrung nicht, kränkelte, magerte ab, bekam eine eitrige Hautentzündung am ganzen Körper, und später sei ihr Immunsystem zusammengebrochen. Sie wurde vom

11. bis 19. Lebensmonat in einer weit entfernten Universitätsklinik hospitalisiert. Die Eltern konnten sie nur einmal besuchen und durch eine Isolierscheibe sehen. Nachdem beide Ohren (ca. 17. Monat) vermutlich ohne Narkose aufgemeißelt worden waren und sie nicht genas, gaben die Ärzte sie auf. Die Mutter nahm sie todkrank mit nach Hause und päppelte sie mit Erfolg auf. Einige Wochen danach brach die Mutter zusammen, und die Patientin wurde für zwei bis drei Monate zu Verwandten gegeben.

Erfahrung und Benennung von bisher unzugänglichen Affekten und Wahrnehmungen (zweite Stufe der Traumaverarbeitung)

Der traumatische Zustand äußert sich in der Übertragung leise oder dramatisch. Ähnlich wie zu Analysebeginn vermitteln Szenen, Träume und regressive Verhaltensweisen Traumafragmente. Wieder kommt es in der Gegenübertragung zu Gefühlen des Befremdlichen, Inadäquaten und zunächst Uneinfühlbaren. Anders aber als zu Analysebeginn ist die Patientin jetzt affektiv ausdrücklich beteiligt durch namenlosen Schmerz, Angst vor Grauen, bildloses Entsetzen, hilfloses Verlassensein und Todesangst in der Übertragung. Diese Angst geht oft mit paranoider Symptombildung sowie mit Körperreaktionen bis hin zu Krankheit und Unfällen einher. Auf der Couch kommt es zu sensorischen Wahrnehmungen wie Sensationen des Schwebens, Gleitens, Fallens, motorischen Äußerungen wie Bewegungsunruhe, Brechreiz, Stuhldrang, Harndrang und vegetativen Störungen wie Frieren, ungewöhnlicher Schweißgeruch, Mitteilungen über Schlaf- und Appetitstörungen.

Für die Handhabung des therapeutisch wiederbelebten traumatischen Zustands halte ich es für hilfreich, für ausreichenden Reizschutz und Empathie zu sorgen, damit nicht neue Traumatisierung geschieht. Wichtig ist, daß der Analytiker sich auf seine eigenen koenästhetischen Funktionen verlassen und ihnen vertrauen kann und seine Körper-

Psychoanalyse des frühen Kindheitstraumas ↭

empfindungen in der Gegenübertragung als Resonanzraum für nonverbale Mitteilungen der Patienten zu nutzen versteht.

Wichtig erscheint mir weiterhin die Fähigkeit des Analytikers, unwissend sein und dem Patienten folgen zu können, eigene Fehler in der Übertragung anzuerkennen und zuzugeben. Sich selbst nicht unnötig zu kritisieren, wenn beispielsweise Kopf- oder Magenschmerzen, innere Unruhe oder Ermüdung, die in speziellen Stunden aufgetaucht sind, zunächst noch nach der Sitzung anhalten.

Die erlebten sensorischen, motorischen, vegetativen und affektiven Befindlichkeiten und die gemeinsam erfahrenen Vorgänge sind möglichst genau beschreibend zu benennen und erneut den Traumaerfahrungen zuzuordnen. Die Beschreibung dessen, was in der Sitzung gemeinsam erlebt wird, und die Vermittlung von Bildern der infantilen traumatischen Szene sind die zentralen Interventionsformen zum Aufbau bildhafter und wortsymbolischer Repräsentanzen, von neuer Struktur.

In der 360. Stunde sprechen wir über ihre Hände, zu denen sie keine Beziehung hat. Mir gefallen ihre weiblich feingliedrigen und zugleich kräftigen Hände, und ich sage es ihr. Mit dieser Intervention verfolge ich die Absicht, ihr inneres Körperbild zu erweitern, und nicht die Absicht, eine neurotische Wunscherfüllung oder narzißtische Gratifikation anzubieten. Zwei Wochen später berichtet sie von dem Gefühl, daß ihr seit jenem Gespräch „Hände gewachsen seien". Ihre Musiklehrerin ist erstaunt über den sprunghaften Forschritt beim Musizieren.

Während der Stunde hat sie dann plötzlich das Gefühl, weggerissen zu werden. Sie möchte sich an mir festhalten. Ich fühle ziehenden Schmerz in meiner Herzgegend und den Impuls, nach ihrer Hand zu greifen. Dann sagt sie, daß sie meine Hand haben möchte. Ich stelle mir vor, daß sie ihre Händchen noch nicht lange entdeckt hatte, als sie von den Eltern getrennt wurde. Ich entscheide mich, das wiedergekommene Erlebnis des Weggerissenwerdens nicht durch konkrete Körperberührung zu stören, sondern es mit ihr zu-

zulassen, zu empfinden und auszuhalten. Es ist ganz still zwischen uns.

Plötzlich dreht sie sich kurz nach mir um und sagt erschrocken: „Ich dachte, Sie seien ein Schatten. Was ich an Ihnen gesehen habe, ist angsteinflößend. Ihr Gesicht war gerade ganz groß über mir wie eine weiße, zahnlose Maske."

Ich entscheide mich, ganz direkt auf die konkrete Ausgestaltung ihrer Phantasie über ihr Getrenntwordensein und ihr Verlorensein im Krankenhausbett einzugehen. Ich sage ihr: „Als Sie noch zahnlos von den Eltern durch die Krankheit getrennt wurden, verloren Sie die Bilder der Eltern und verkannten die Gesichter der Schwestern und Ärzte als Schatten oder Masken."

Sie lauscht und halluziniert: „Da weint ein Säugling. Ich höre das schon die ganze Zeit. Hören Sie das nicht?" Ich sage ihr: „Der Säugling in Ihnen weint. Jetzt *fühlen* Sie, was damals mit Ihnen geschah." „Es ist November", sagt sie. „Im November kam ich ins Krankenhaus." Kurz danach träumt sie von einem neugeborenen Äffchen, das sich mit seinen Händen selbst am Fell der Mutter festhält.

Eine Phase tieferer Regression beginnt (in der 450. Stunde) damit, daß sie tonlos heiser wird. Sie bittet mich, ihren Hals zu untersuchen. Ich schlage ihr eine HNO-ärztliche Untersuchung andernorts vor und daß wir uns um das kümmern, was ihr *hier* die Stimme verschlägt.

In die nächste Sitzung kommt sie mit aschfahlem, wutverzerrtem Gesicht. Bedrohung und Kälte, die von ihr ausgehen, lösen ein ziehendes Schreckgefühl in meinem Magen aus. Sie sagt zornig, daß auf der gestrigen Rechnung 16 statt 15 Sitzungen aufgeführt sind. „Jetzt habe ich schwarz auf weiß, daß Sie mehr von mir nehmen, als Ihnen zusteht. Mit versteckten Botschaften wollen Sie mich hier rausekeln. Das spüre ich schon länger, daß Sie sich mit mir nur begnügen müssen."

Das alles ist mir fremd. Ich denke, jetzt ist es vorrangig, ihre Beschuldigung und schmerzlichen Affekte anzunehmen, meinen Fehler zuzugeben, anzuerkennen und beides zu sagen. Klärungen und Arbeit an ihren Projektionen stelle ich für später zurück. Ich sage ihr: „Ich habe einen Fehler gemacht. Es tut mir leid, daß Sie sich durch mich übervorteilt, bedroht und wütend fühlen." Sie schweigt lange. Dann sagt sie ruhiger: „Ich bin so wütend auf Sie, daß Sie mich zu so einer blöden HNO-Ärztin geschickt haben. Meine Wut steht in keinem Verhältnis zum Anlaß. Diese wahnsinnige, grundlose Wut kenne ich auf meine Mutter."

Nach dieser Stunde träumt sie von einem männlichen Glied in ihrer Hand, das sie zum ersten Mal nicht häßlich findet. „Beim Aufwachen spürte ich eine Lust von innen, nicht wie gemacht, meine eigene Lust." Sexuelle Wünsche (statt Zwänge) zu erleben ist ihr neu. Ich denke, das wird auch deshalb möglich, weil sie ihre enorme archaische Wut (Pines 1982) gestern an mir ausließ, ich sie annahm, Bilder und Worte dafür fand und sie überlebe, ohne die Patientin zu verletzen (Winnicott 1973, S. 105f.).

Dann träumt sie sich als Jüdin verfolgt und versteckt in einem Keller, dessen tiefster Raum ein Loch ist. „Ich hatte Angst dorthin zu gehen, obwohl ich sicher war, daß mich da niemand finden würde. Da war Nichts, Dunkel. Durch milchige Scheiben sah ich einen Mann in weißen Hosen. Das Türschloß hielt. Vielleicht war er doch kein Feind?"

Sie hat Kopfschmerzen „wie im Schraubstock" und assoziiert zu dem Traum einen Streit der Eltern mit den Nachbarn. Ich spüre plötzlich einen stechenden Schmerz im linken Ohr und wundere mich, weil ich mich gesund fühle. Ich sage ihr, daß es für sie leichter ist, über den Streit der Eltern als über das dunkle Loch zu sprechen, bei dessen Erwähnung Schmerzen auftreten. Sie sagt: „Ich habe Ohrenschmerzen und spüre jetzt die Narbe von damals. Glauben Sie das?" „Ja, ich spüre Schmerz."

Dann beschimpft sie mich wegen der Kühle im Zimmer. Überhaupt erlebe sie mich als jemanden, der sie schädigt und vergiftet – kürzlich mit Fischsuppe im Traum.

Ich möchte beschreiben, was wir zusammen erleben, und das Gegensätzliche benennend verknüpfen: „Sie suchen in mir jemanden, der Ihren Schmerz im Ohr mitfühlt, und zugleich machen Sie mich zu jemandem, der Sie schädigt."

Sie sagt: „Ich habe so oft genossen, wie Sie sich mir gegenüber verhalten. Aber jetzt verstehe ich nicht mehr, was hier passiert. Es fehlt mir noch ein Letztes. Es ist, als warte ich auf einen Traum, der mit dem dunklen Loch zu tun hat." Ich sage: „Ich warte mit Ihnen." Sie weint: „Ich habe Angst, hier auf der Couch von Ihnen unbemerkt zu sterben wie mein jüngerer Bruder." Er saß vor wenigen Wochen beim älteren Bruder am Kaffeetisch, wollte ihm etwas Wichtiges sagen und fiel tot um. Niemand weiß, warum. Es ist grauenhaft still zwischen uns.

In mir ist ein Bild entstanden: Tod, zu sterben, ohne daß jemand etwas merkt, Grauen, Sprachlosigkeit, Ohrenschmerz, Verfolgungserlebnisse, milchige Scheiben wie Isolierscheiben im Krankenhaus, das Leben, das mehr von ihr nimmt, als sie verkraften kann, die Ärzte/Ärztinnen in weißen Hosen, auf die sie so maßlos wütend ist, die ihre Verfolger und Retter zugleich waren, als sie ihren Kopf „wie in einem Schraubstock" hielten, um ihre Warzenfortsätze zu operieren – all das erscheint wie Bruchstücke ihrer Erlebnisse, als sie zwischen dem 11. und 19. Lebensmonat im Krankenhaus war. Das sage ich ihr. Sie reagiert stumm.

Die folgende Stunde beginnt sie: „Ich möchte Ihnen etwas sagen. Kürzlich ging ein kleiner Junge von etwa drei Jahren vor mir auf der Straße her – allein. Er sprach ganz ruhig und ohne zu rufen „Mama, Mama, Mama". Das hat mich so beeindruckt. Es war, als hätte er das innere Bild seiner Mutter im Auge und hielte es fest, indem er ‚Mama' vor sich hermurmelt." Plötzlich fügt sie heftig hinzu: „Wenn Sie mich jetzt auslachen, dann komm ich nie wieder." Ich sage ihr, daß es mich berührt, daß sie eine neue Vorstellung ihres Selbst gefunden hat, das das innere Bild einer Mutter aufrechterhält, die dieses Selbst schützt, wenn es allein ist.

Bald danach erinnert sie sich an einen Traum aus dem ersten Analysejahr, in dem ein Baby eingegipst war von Kopf bis Fuß, und dann erzählt sie den Traum der letzten Nacht:

„Ich schwimme im Meer und bin behindert, ganz starr gelähmt. Es war noch jemand da. Auf einmal konnte ich mich wieder frei bewegen. Ich rief ganz laut: ‚Ich bin wieder ein Mensch!' Vor Freude schlug ich Purzelbäume im Wasser."

Aus der dritten Stufe der Traumaverarbeitung

Ich komme zur Darstellung der dritten Ebene der Traumaverarbeitung. Weil mit den traumatischen Störungsanteilen repräsentanzbildend umgegangen worden ist, kann die Patientin in Objektpositionen und Konfliktpositionen kommen, darin bleiben und jetzt zunehmend vom neurosenspezifischen Durcharbeiten traumatischen Materials profitieren.

Nina bereitet ihre Unterrichtsstunden nur zu zwei Dritteln vor. Das letzte Drittel der Vorbereitungen erscheint ihr unüberwindlich, wie eine Lücke. Ich kann sie jetzt damit konfrontieren, daß sie das Trauma (die Lücke) zur Aufrechterhaltung von Größenphantasien verwendet: Sie muß nicht arbeiten wie jedermann; sie erwartet, daß ihr geheime Kräfte im letzten Drittel der Schulstunden zuwachsen. All das Erlittene gibt ihr ein Anrecht darauf. Diese Bearbeitung führt zum Verschwinden der Arbeitsstörung.

Sie setzt sich mit dem Operationstrauma und der Legierung von übermäßigem Schmerz und Sexualität auseinander. Sie träumt: „Mein Kiefer hatte ein Loch und mußte operiert werden. Jemand kam mit einem dicken, glühendroten Eisen auf meinen Mund zu. Ich wollte mich wehren. Meine Hände wurden festgehalten. Ich wachte grauenhaft entsetzt und sexuell erregt auf." Sie sagt, daß ihre Angst vor dem Orgasmus bisher genau diese Angst war, in einen immensen, aber nicht benennbaren Schmerz zu fallen. Sie entdeckt ihre Lust, vom Vater („der Mann mit den weißen Hosen") mißhandelt zu werden. Ihr wird bewußt, nur über diese Phantasie sexuell erregbar und erlebnisfähig sein zu können.

Wir arbeiten an ihrer Vaterbeziehung. Der Vater war zwanzigjährig KZ-Aufseher. Der Versuch, mit dem Vater über dessen Vergangenheit zu sprechen, scheitert. Wir sprechen über Verfolgung, über Erfahrungsberichte aus der Literatur, die wir beide kennen. Es gibt viele traurige Stunden. Das Thema der Schuld vertieft sich bis auf seine archaische Ebene: zu leben bedeutet Schuld, solange niemand sich darüber freut und es für niemanden gut ist, daß sie lebt.

Wir bearbeiten die sadomasochistische Beziehung zu ihrer Mutter. Sie schlug Nina. Nina liebte sie abgöttisch.

Vor der letzten Weihnachtspause hat sie erstmals keine Angst vor der Unterbrechung. „Auf mich gestellt zu sein bedeutet nicht mehr, in einer für mich nicht zu regulierenden Gefahr zu sein, in einen Abgrund zu stürzen oder den Menschen, dem ich nahe bin, mit in den Abgrund zu reißen. Das war ein schreckliches Gefühl. Während der ganzen Analyse habe ich immer mal wieder an Zyankali gedacht. Jetzt brauche ich es nicht mehr. Ohne die Analyse hätte ich mich umgebracht." Sie plant in etwa einem Jahr die Analyse zu beenden.

Sie ist selbständig kreativ in den Stunden. Nach einer Stunde, in der ich keinen Anlaß hatte, etwas zu sagen, spricht sie mich am nächsten Tag in der 642. Stunde zum ersten Mal mit meinem Namen an. Ich denke, sie kann jetzt ihre innere Vorstellung von mir unterscheiden von der inneren Vorstellung des Primärobjekts und löst damit die Übertragung auf.

Mir sagt sie: „Ich habe oft erlebt, daß ich etwas erzählte, Sie fühlten es, sprachen darüber, und dann begann ich es zu fühlen. Ich habe einen Zusammenhang zwischen meinem Körper und meinem Fühlen gefunden und habe selbst Symbole entdeckt. Seltsam ist, daß ich ohne Sie den Schmerz in mir nie mit meinen Krankenhauserfahrungen in Verbindung gebracht hätte. Ich möchte Ihnen noch etwas Kritisches sagen. Manchmal haben Sie mit einer Kleinigkeit von mir die ganze Stunde bestritten, und ich konnte nicht sagen, daß es nicht mein ganzes Thema war." Ich sage ihr, daß ich das annehme und bedenken werde. Ich freue mich an ihrer Autonomie.

In ihrem letzten Traum spürt sie auf beruhigende Weise

die Eltern in ihrem Rücken. Sie geht allein durch eine Schneelandschaft ohne zurückzusehen. „Ich laufe und sehe in der Ferne Häuser und Menschen und fühle mich neugierig." Ein Jahr nach Therapieende kam sie zu einer fünfstündigen Krisenintervention wegen einer Partnerkrise durch vermehrten Alkoholkonsum ihres Mannes. Zwei und vier Jahre später zeigt sie mir ihre neugeborenen Kinder, zuerst ihren Sohn, dann ihre Tochter. Es sind dankbare Begegnungen.

Fazit

Die Fallgeschichte demonstrierte drei Erscheinungsformen der spezifischen Reaktionen auf frühe Traumata innerhalb des psychoanalytischen Prozesses zu Analysebeginn, zu einem späteren, regressiven Abschnitt des Analyseverlaufs und gegen Ende der Analyse. Die behandlungstechnischen Aktivitäten entsprechen diesen drei Erscheinungsformen des Traumas. In drei Stufen der Traumaverarbeitung findet ein schrittweiser Aufbau der Funktion einer haltgebenden, schützenden Selbstrepräsentanz und Mutter- und Vaterrepräsentanz in der Übertragung statt.

Zu Analysebeginn, in der ersten Stufe der Traumaverarbeitung, handelt es sich um ein flüchtiges, irritierendes Auftreten der Traumareaktion, das vom Patienten nicht zu verarbeiten ist, sondern in der analytischen Situation erlitten wird und eine Fluchtreaktion auslöst. Behandlungstechnisch führt die Auswertung befremdlicher Reaktionen des Patienten unter Nutzung der zugehörigen Gegenübertragungsgefühle zum Angebot einer Konstruktion über ein frühes Trauma. Durch dieses Angebot wird die Fluchtreaktion in den Beginn einer vertrauensvollen Beziehung umgewandelt.

Die zweite Stufe der Traumaverarbeitung ist dadurch gekennzeichnet, daß der Patient ausdrücklich Auslösesituationen für den traumatischen Zustand einbringt und sich affektiv einläßt. Behandlungstechnisch werden die mit dem traumatischen Zustand einhergehenden sensomotorischen, vegetativen und affektiven Befindlichkeiten sowie die körperliche Empfindung des Analysanden und paranoid ängstliche Symptomatik in der Übertragung beschreibend benannt und mit dem jetzt schon deutlicheren Bild der traumatischen Situation in Beziehung gesetzt. Damit kommt es zunehmend zur Formierung bildhafter und wortsprachlicher Repräsentation. In dieser Stufe bildet der Patient in der Übertragung neue Repräsentanzen: zum Beispiel die eines kindlichen Selbst, das Vorstellungen von Affekten und von einer schützenden Mutter aufrechterhalten kann. Im Lauf des weiteren Prozesses wird die haltgebende Selbst- und Mutterrepräsentanz auf die primären und aktuellen Objektrepräsentanzen ausgedehnt.

Die dritte Stufe der Traumaverarbeitung ist dadurch gekennzeichnet, daß der Patient Traumareaktionen, die in der Übertragung aufkommen, aufgrund der in der ersten und zweiten Stufe formierten bildhaften und präsymbolischen Repräsentanzen zunehmend assoziativ handhabt. Im Rahmen einer neurosenanalytischen Behandlungstechnik ist die weitere Verarbeitung der Traumareaktion in dieser Fallgeschichte dadurch gekennzeichnet, daß die Patientin die Repräsentanz der Analytikerin von der Repräsentanz des primären Beziehungsobjekts abgrenzt und damit die Übertragung auflöst.

Literatur

Bürgin, D. (1998): Einleitung. In: Koukkou M.; Leuzinger-Bohleber, M.; Mertens, W. (Hg.), Erinnerungen von Wirklichkeiten. Psychoanalyse und Neurowissenschaften im Dialog. Bd. 1: Bestandsaufnahme. Stuttgart.

Holderegger, H. (1993): Der Umgang mit dem Trauma. Stuttgart.

Kinston, W.; Cohen, J. (1987): Urverdrängung und andere seelische Zustände: der Bereich der Psychostatik. Vortrag auf der Herbsttagung der Deutschen Psychoanalytischen Vereinigung, Wiesbaden.

Krystal, H. (1997): Desomatization and the consequences of infantile psychic trauma. Psa. Inquiery 17: 126–150.

Küchenhoff, J. (1990): Die Repräsentation früher Traumata in der Übertragung. Forum Psychoanal. 6:15–31.
Ogden, T. (1989): On the concept of an autistic-contiguous position. Int. J. Psycho-Anal. 70: 127–140.
Ogden, T. (1995): Frühe Formen des Erlebens. Wien/New York.
Pines, D. (1982): Das frühe Trauma in Übertragung und Gegenübertragung. Vortragsmanuskript der Arbeitstagung der Deutschen Psychoanalytischen Vereinigung in Berlin im März 1982.
Winnicott, D. W. (1973): Objektverwendung und Identifizierung. In: Winnicott, D. W., Vom Spiel zur Kreativität. Stuttgart, S. 101–110.

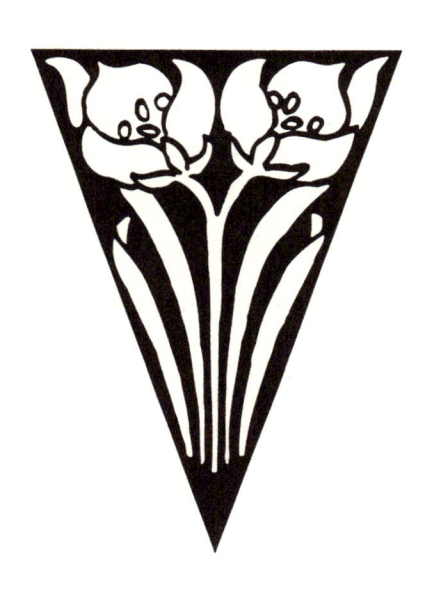

Kai von Klitzing

Die Folgen früher Traumatisierungen – Eine entwicklungspsychologische Perspektive

Als Trauma bezeichnen wir ein Ereignis im Leben eines Menschen, das definiert wird durch seine Intensität, die Unfähigkeit des Betroffenen, adäquat darauf zu antworten, und die Erschütterung sowie die dauerhaften pathogenen Wirkungen, die es in der psychischen Organisation hervorruft (Laplanche u. Pontalis 1967, S. 513). Aus dieser Definition folgt, daß Ereignisse in der frühen Kindheit besonders traumatisch sein können, da in dieser Phase die Fähigkeit des Individuums, adäquat und flexibel zu reagieren, noch gering ausgebildet ist. Tatsächlich finden wir in der klinischen Literatur viele Fallberichte, in denen auf die pathogene Bedeutung hingewiesen wird, die frühe Traumatisierungen für die weitere Entwicklung des Kindes haben (z. B. Gaensbauer et al. 1995; Blos 2000).

Anstelle der Ich-Funktionen, die traumatische Ereignisse regulierend auffangen könnten, steht in den ersten Monaten des Lebens der angeborene Reizschutz des Säuglings, der allerdings interindividuell sehr unterschiedlich ist. Darüber hinaus übernehmen in der Regel Elternfiguren die schützende und regulierende Funktion durch ihr fürsorgendes Beziehungsangebot. Hieraus folgt, daß Traumata besonders schädlich sind, wenn die schützenden Elternfiguren wegfallen (vergleiche A. Freud u. Burlingham 1944) oder wenn Eltern gar Verursacher der traumatisierenden Ereignisse sind, wie dies beispielsweise bei Kindsmißhandlungen der Fall ist.

Die Folgen früher Traumatisierugen ✌

*Symptomatologie traumatisch bedingter Störungen
in den ersten drei Lebensjahren*

Je jünger ein Kleinkind, um so unspezifischer sind die Symptome, die auf traumatische Erlebnisse folgen. In den ersten sechs Lebensmonaten wird man Zeichen wie Hypervigilanz, übertriebene Schreckhaftigkeit und verschiedene Formen der Dysregulationen finden. Traumatisierte Säuglinge sind in diesem Alter besonders irritabel und ziehen sich gegenüber generellen oder spezifischen Reizen zurück. In der zweiten Hälfte des ersten Lebensjahrs finden sich häufig eine gesteigerte Fremdenangst sowie Wutreaktionen in bestimmten Situationen. Das Kind wird sich aktiv bemühen, spezifische – unter Umständen mit dem Trauma verbundene – Situationen zu vermeiden, und zu Entwicklungsregressionen neigen. Schlafstörungen in Form von „Night Terrors" kommen gehäuft vor. In der ersten Hälfte des zweiten Lebensjahrs durchlaufen traumatisierte Kinder häufig eine besonders schwierige Ablösungs- und Autonomieentwicklung. Hierbei kommt es zum Beispiel zu einer nicht mehr altersadäquaten Nähe an die Betreuungspersonen und zu starken Anklammerungstendenzen. Zunehmend wird das traumatisierte Kind auch bestimmte Situationen vermeiden, die unangenehme Affekte hervorrufen könnten. In der zweiten Hälfte des ersten Lebensjahrs entwickelt sich das Kind langsam in die symbolische Welt hinein mit zunehmender Sprach- und Spielfähigkeit. Hier beginnen dann typische Phänomene deutlich zu werden, wie repetetives (traumatisches) Spielen, Tendenz zu Alpträumen und auch zunehmende verbale Äußerungen, die sich auf die traumatischen Situationen beziehen. Diese nunmehr spezifischeren Ausdrucksformen traumatischen Erlebens werden dann im Lauf des dritten Lebensjahrs immer elaborierter.

Scheeringa et al. (1995) haben untersucht, ob die Diagnose der Posttraumatischen Belastungsstörung auch für das Säuglings- und Kleinkindalter anwendbar ist. Sie haben dabei erfahrene Kliniker Fälle mit nachweislich traumatischen Belastungen mit Hilfe der klassischen DSM-IV-Krite-

Tabelle 1: **Kriterien Posttraumatischer Belastungsstörungen in der frühen Kindheit (nach Scheeringa et al. 1995)**

A. Konfrontation mit einem traumatischen Ereignis

B. Wiedererleben

Erinnerung	Posttraumatisches Spiel
Träume mit wiedererkennbarem Inhalt	Wiederinszenierung im Spiel
	Streßvolle Erinnerungen
Handeln und/oder Fühlen	Alpträume mit oder ohne spezifischen Inhalt

C. Vermeidung

Vermeidung von Gedanken, Gefühlen, Gesprächen	Abflachung der allgemeinen Reagibilität
Vermeidung von Aktivitäten	Eingeschränkte Spielfähigkeit
Vermeidung von Erinnerungen	Sozialer Rückzug
Vermindertes Interesse	Eingeschränkte Affekte
Entfremdungsgefühle	Verlust von Entwicklungsfähigkeiten (Sprache, Sauberkeit etc.)
Eingeschränkte Affekte	
Hoffnungslosigkeit	

D. Erhöhte Erregbarkeit

Schlafstörung	Night Terrors
Reizbarkeit und Wut	Angst vor dem Zu-Bett-Gehen
Konzentrationsschwierigkeiten	Nächtliches Aufwachen
Hypervigilanz	Hypervigilanz
Übertriebene Schreckreaktionen	Übertriebene Schreckreaktionen

E. Neue Ängste und Aggressionen

Aggression
Trennungsangst
Angst vor Sauberkeitstraining
Dunkelangst
Ängste vor nicht mit dem Trauma verbundenen Situationen

linke Spalte: herkömmliche DSM-IV-Kriterien
rechte Spalte: zusätzliche, für die frühe Kindheit geltende Kriterien

rien diagnostizieren lassen (linke Spalte in Tabelle 1). Sie mußten feststellen, daß die genannten Kriterien, die für das Erwachsenenalter ausgearbeitet sind, im Kleinkindalter nicht ausreichen, um solche Störungen zweifelsfrei zu diagnostizieren. Erst unter Hinzufügung zusätzlicher entwicklungsgerechter Kriterien (rechte Spalte in Tabelle 1) konnten die Störungen in befriedigender Weise diagnostisch erfaßt werden. Sie schlossen daraus, daß Säuglinge und Kleinkinder Posttraumatische Belastungsstörungen entwickeln können, daß aber die klassischen Diagnosekriterien bei Kindern unter 48 Monate unbedingt ergänzt werden müssen.

Theoretische Überlegung zu Folgen traumatischer Erfahrungen in der Entwicklung des Kindes

Sigmund Freud hat sich besonders in der frühen Phase seiner Theorieentwicklung viel mit einer triebökonomischen Konzeption des Traumas beschäftigt. Dabei definierte er das Trauma so: „Wir nennen so ein Erlebnis, welches dem Seelenleben innerhalb kurzer Zeit einen so starken Reizzuwachs bringt, daß die Erledigung oder Aufarbeitung desselben in normal gewohnter Weise mißglückt, woraus dauernde Störungen im Energiebetrieb resultieren müssen" (S. Freud 1917, S. 283).

Der Prozeß der Traumatisierung wird bei Freud dabei in mehrere Elemente zergliedert und setzt immer die Existenz von mindestens zwei Ereignissen voraus: eine erste Szene, meist in der frühen Kindheit (z. B.: „eine sexuelle Annäherung seitens eines Erwachsenen, ohne daß es beim Kind einen sexuellen Reiz auslöst"), und eine zweite Szene von oft harmlosem Aussehen, die sich nach der Pupertät ereignet, aber mit der ersten assoziiert wird. Der ersten traumatischen Szene wird, von einem ökonomischen Standpunkt aus gesehen, die traumatische Bedeutung erst nachträglich verliehen. Die erste Szene wird nur als Erinnerung nachträglich pathogen, soweit sie eine innerliche Reizanflutung bewirkt.

Später, als die Bedeutung des Traumas für die Neurosenentstehung bei Freud zurückgegangen war, wurde dieses Modell der Nachträglichkeit auch zur Konzeptualisierung der Ätiologie der Neurose herangezogen (S. Freud 1917, S. 376).

Die Frage, die sich in diesem Zusammenhang stellt, ist, inwieweit sich Kinder in der späteren Entwicklung überhaupt an Traumata in den ersten drei Lebensjahren erinnern können. In welchem Zusammenhang stehen die Erinnerungen an frühe Ereignisse mit der infantilen Amnesie? Oder wie sonst, wenn nicht durch Erinnerung, üben Traumata Einfluß auf die weitere Entwicklung aus?

Eine interessante Studie von Bauer et al. (1998) beschäftigt sich mit der Frage, ob und inwieweit frühe Erinnerungen aus der präverbalen Entwicklungszeit Kindern in der weiteren Entwicklung verbal verfügbar sind. In der experimentellen Untersuchung wurden 40 Kinder mit 16 und 20 Monaten mit banalen, aber doch für sie beeindruckenden Ereignissen konfrontiert wie zum Beispiel die Herstellung eines Gongs oder einer Windmühle aus bestimmten Materialien. Den Kindern wurde nach 6 bis 12 Monaten und dann ein weiteres Jahr später dasselbe Ereignis noch einmal vor Augen geführt, und zwar zusammen mit anderen Ereignissen, die sie zuvor nicht erlebt hatten. Die Kinder wurden dann aufgefordert, diese Vorgänge selbst durchzuführen, und mittels eingehender Videoanalyse wurden die Handlungen und die verbalen Äußerungen der Kinder daraufhin untersucht, ob sie in Beziehung zur Erinnerung an etwas bereits Gesehenes standen. Als Ergebnis zeigte sich in der Studie, daß die Kinder 6 bis 12 Monate nach dem erstmaligen Erleben klare Hinweise darauf zeigten, daß sie sich an die zuvor erlebten Vorgänge erinnerten. Interessant war dabei, daß diese Erinnerungen sich nicht nur in Handlungen, sondern auch in spontanen verbalen Äußerungen und Kommentaren der Kinder zeigten, obwohl der Zeitpunkt des erstmaligen Erlebens noch in eine Phase fiel, in der keine aktive Sprachfähigkeit vorhanden war. Allerdings erinnerten die Kinder die frühen Ereignisse auf verbaler Ebene nur dann, wenn sie zum Zeitpunkt des Ersterlebens aktiv dazu aufgefordert worden waren, das Gesehene zu imitieren. Erst die eigene Handlung in der Imitation ließ das Gedächtnis den Transfer von der averbalen zur verbalen Ebene durchführen. Wenn die Kinder 12 Monate nach dem Ersterleben gute Erinnerungen zeigten, dann zeigten sie diese auch nach 24 Monaten noch immer. Die Autoren folgerten aus ihren Ergebnissen, daß durch die Möglichkeit der frühen Imitation prozedurale Gedächtnisinhalte in verbale Gedächtnisinhalte transferiert werden konnten. Das Ergebnis der Studie zeigt, daß Kinder vom zweiten Lebensjahr an grundsätzlich Ereignisse erinnern können. Dabei bleibt jedoch die Frage offen, welchen Einfluß emotionaler Streß, der mit Traumatisierungen verbunden ist, auf die Gedächtnisfähigkeit hat. Die Untersuchung war nur mittels persönlich unbedeutender Erinnerungen durchgeführt worden, und wir wissen nicht, wie persönlich relevante Ereignisse, wie beispielsweise ein mit der Bezugsperson verbundenes Trauma, im Unterschied dazu sich erinnern lassen. Es ist aber deutlich, daß die Verbalisierung der Erinnerung besonders dann gut möglich ist, wenn das Wiedererlebte in demselben sozialen Kontext stattfindet, wie die ursprünglichen Ereignisse.

Sowohl in der kognitiven Psychologie als auch in der neurobiologischen Gedächtnisforschung ist es heutzutage eine anerkannte Tatsache, daß es nicht ein, sondern mehrere Gedächtnissysteme gibt. Dabei wird vor allem zwischen dem *deklarativen* oder *expliziten* und dem *nichtdeklarativen* oder *impliziten* Gedächtnissystem unterschieden. Das deklarative Gedächtnissystem umfaßt bewußte Erinnerungen, die Art von Erinnerungen also, an die wir denken, wenn wir im landläufigen Sinn von Gedächtnis sprechen. Solche Erinnerungen können mit Wörtern beschrieben werden. Das nichtdeklarative Gedächtnis beinhaltet nichtbewußte Erinnerungen, dazu gehören prozedural erlernte Fähigkeiten oder auch konditionierte Stimuli, wie Angstreaktionen, vegetative Symptome und so weiter. In diesem Zusammenhang ist es wichtig, zwischen dem *emotionalen Gedächtnis*, das dem impliziten Gedächtnissystem angehört, und der *Erinnerung an eine Emotion*, die dem expliziten Gedächtnissystem angehört, zu unterscheiden. LeDoux (1996) hat in seinem Buch „The Emotional Brain" herausgearbeitet, daß diese unterschiedlichen Systeme auch auf unterschiedlichen Hirnstrukturen basieren. Das bewußte oder explizite Gedächtnis wird durch den Hippokampus und mit ihm verbundene kortikale Regionen vermittelt. Dagegen werden verschiedene unbewußte oder implizite Gedächtnisformen durch andere Systeme vermittelt. Ein implizites Gedächtnissystem ist also das emotionale Gedächtnissystem, zum Beispiel das Angst-Erinnerungs-System, das uns im Zusammenhang mit Traumata besonders interessiert. Dieses System zentriert sich im Mandelkern (Amygdala). Beide – Hippokampus und Amygdala – sind im medialen Teil des Temporallappens lokalisiert.

LeDoux gibt ein einprägsames Beispiel, wie das Zusammenspiel der beiden Systeme funktionieren kann. Nehmen wir an, Sie haben einen schweren Autounfall. Dabei wird die Hupe blockiert, die andauernd tönt. Sie haben Schmerzen und sind durch das Ereignis völlig traumatisiert. Später, wenn Sie eine Hupe hören, werden beide – das implizite und das explizite – Gedächtnissystem mobilisiert. Der Ton der Hupe ist zu einem konditionierten Angststimulus geworden, er geht direkt vom auditorischen System zur Amygdala und ruft Körperreaktionen hervor, die typischerweise in Gefahrensituationen vorkommen: Muskelspannung (evolutionärer Abkömmling des Freezing), Blutdruck- und Pulssteigerung, erhöhte Atemfrequenz.

Doch der Ton geht auch über den Kortex zum hippokampalen System, in welchem explizite Erinnerungen aktiviert werden. Sie werden an den Unfall und seine Begleitumstände erinnert, zum Beispiel von welcher Person sie begleitet wurden. Sie erinnern sich auch, wie schrecklich es war. Aber im expliziten Gedächtnissystem gibt es keinen Unterschied zwischen der Erinnerung an die Begleitumstände und der Erinnerung an die Tatsache, daß der Unfall schrecklich war. Beides sind einfach Fakten der Erfahrung. Um daraus eine emotionale Erinnerung zu machen, muß das emotionale Erinnerungssystem aktiviert werden, zum

Beispiel das implizite Angst-Erinnerungssystem, das die Amygdala involviert (Le Doux 1996, S. 200f.).

Aber es gibt einen Platz, in dem explizite Erinnerungen an ein emotionales Ereignis und implizite emotionale Erinnerungen sich treffen, nämlich das *Arbeitsgedächtnis* und seine Neuschöpfung einer sofortigen bewußten Erfahrung. Ohne die emotionale Erregung, die durch die implizite Erinnerung hervorgerufen wird, würde die bewußte Erinnerung emotional flach sein. Die gleichzeitige Repräsentation der bewußten Erinnerung und der emotionalen Reaktion erzeugen erst den „emotionalen Flair". Wir werden uns also zusätzlich zur expliziten Erinnerung an das Ereignis der Tatsache bewußt, daß wir emotional erregt sind. Diese nunmehr vereinigte Erfahrung der vergangenen Erinnerung und der Erregung können nun in eine neue *explizite Langzeiterinnerung* umgeformt werden, die eine emotionale Tönung erhält. Freuds Überlegung zur *Nachträglichkeit*, das heißt, daß traumatischen Erfahrungen erst nachträglich ein bewußtseinsfähiger Sinn verliehen wird, erhält durch die neueren neurobiologischen Befunde eine deutliche Untermauerung. Hinzu kommt die Tatsache der *infantilen Amnesie*, das Unvermögen des Individuums, sich an die ersten Lebensjahre zu erinnern. Dies gilt wohl nur für das explizite, bewußte, in Worte ausdrückbare Erinnerungssystem. Die implizite Erinnerung an starke Reize erlöscht wahrscheinlich nicht. Heute geht man davon aus, daß diese Diskrepanz daran liegt, daß die Amygdala und ihre Verbindungen funktionell früher reifen als der Hippokampus. Das System mit impliziten Erinnerungen an traumatische Ereignisse reift also in der Entwicklung früher als das System expliziter Erinnerungen.

Wir können demnach früh erworbene implizite Erinnerungen, die sich beispielsweise in einer unspezifischen Erregung ausdrücken, nicht mit einer deklarativen, in Symbole gefaßten Erinnerungsvorstellung verknüpfen. Damit fällt eine wichtige Kontrollmöglichkeit weg. Wir sind vielmehr auf Vorstellungen aus unserer Phantasie angewiesen, die sich unter Umständen an unbedeutende Ereignisse knüpfen oder an Wiederholungen, die unserer emotionalen Erregung einen Sinn geben könnten. Denn das implizite Erinnerungssystem zeichnet sich durch eine große Persistenz aus. Wahrscheinlich sind implizite Erinnerungen an traumatische Ereignisse für das ganze Leben unauslöschlich. Die einzige Möglichkeit, diese erregenden Erinnerungen abzumildern, besteht darin, sie durch Vorstellungen oder nachträgliche Erinnerungen zu kontrollieren, man könnte auch sagen, ihnen einen Sinn zu geben.

In eine ähnliche Richtung gehen neuere Erkenntnisse der Kognitionswissenschaften, die die „Architektur der Kognition" (Bucci 1997) beschreiben. Wilma Bucci, eine Expertin auf dem Gebiet der kognitiven Wissenschaften und der Psychoanalyse, hat moderne Sichtweisen über die Struktur der Kognition zusammengefaßt. Nach ihren Thesen sind menschliche Informationsverarbeitungsprozesse durch viele, sich unterscheidende Repräsentanzen und Prozesse charakterisiert. Außerdem haben neue Forschungsrichtungen die Bedeutung der Emotionen für die menschliche Informationsverarbeitung herausgearbeitet. Bucci unterscheidet zwischen symbolischen und subsymbolischen Systemen der Kognition.

Symbole sind Einheiten, die sich auf andere Einheiten beziehen. Sie können in logischen Bezügen miteinander kombiniert werden. Aus einer endlichen Anzahl von Elementen kann eine fast unendliche Anzahl von Einheiten gebildet werden. Diese Prozesse laufen ähnlich wie bei einem Computer ab. Symbole können Bilder oder Wörter sein.

Wichtig ist, daß das symbolische System kategorial organisiert ist, das heißt nach dem Entweder-Oder-Prinzip funktioniert.

Es gibt aber auch eine große Bandbreite systematischer menschlicher Informationsverarbeitungen, die nicht durch die Modelle symbolischer Prozesse ausreichend beschrieben werden können. Dabei geht es um Repräsentationen und Prozesse, deren Elemente nicht diskret sind und nicht nach dem Entweder-Oder-Prinzip funktionieren. Diese kognitiven Prozesse laufen simultan auf verschiedenen parallelen Kanälen ab, es gibt keine expliziten Prozeßregeln. Deshalb werden sie auch als parallel verteilte Prozesse (Parallel Distributed Processing, PDP) bezeichnet. Sie sind die Basis von kreativen Problemlösungen, flüssigen sprachlichen Ausdrucks und vieler anderer Arten von intuitiven und impliziten Prozessen. Das PDP-System beruht mehr auf statistischen Prozessen mit einer Wahrscheinlichkeitslogik als auf einer Alles-oder-Nichts-Kategorisierung logischer Abläufe. Es wird aus verschiedenen Systemen und Knotenpunkten zusammengesetzt, die alle zur gleichen Zeit Informationen verarbeiten. Das Erregungsmaß jedes Knotenpunkts zu jeder gegebenen Zeit hängt von dem Erregungsmaß anderer Punkte ab. Zusammenfassend kann man also sagen, daß der Entwurf einer umfassenden Architektur der Kognition sowohl subsymbolische als auch symbolische Ebenen integrieren muß, die jeweils unterschiedliche Funktionen wahrnehmen.

Für die gesunde Entwicklung und das psychische Wohlbefinden eines Individuums müssen diese beiden mentalen Systeme (subsymbolisch, symbolisch) im Lauf der Entwicklung integriert werden. Dabei haben Affekte eine wichtige integrative Funktion und sind deshalb für die Entwicklung von entscheidender Bedeutung.

Frühe Traumatisierungen schreiben sich vor allem im subsymbolischen System fest und führen dazu, daß es sich nicht in eine kreative Richtung entwickeln kann. Die symbolische Welt des Kindes wird zwar von frühen Traumatisierungen beeinflußt, kann diese aber nicht fassen und eine ausreichende symbolische Konzeptualisierung entwickeln. Die Affekte sind zu wenig verläßliche Partner, um ihre Integrationsfunktion wahrzunehmen.

Green (1999) weist darauf hin, daß bei bestimmten frühen Störungen Affekte nicht mit Vorstellungen verbunden werden können. Das führt dazu, daß Patienten in der Psychotherapie von unbestimmten negativen Gefühlen sprechen oder von körpernahen Sensationen, die nicht mit einem Vorstellungsinhalt verbunden werden können. Oder, wenn diese Form des subsymbolischen Erlebens nicht gehalten werden kann, brechen Affekte ungehemmt durch, sind nicht kontrollierbar, überschwemmen das Individuum, brechen sich im Verhalten Bahn, ohne daß eine Integration mit symbolisch gefaßten Vorstellungen möglich wäre.

Kinder, die in ihrer frühen Entwicklungszeit traumatisiert wurden, sind deshalb häufig in ihrer emotionalen Entwicklung wesentlich gehemmt oder sogar blockiert. Sie können Emotionen nicht regulieren, sondern nur durch Handlung oder somatische Symptome unmittelbar ausdrücken. Ihnen fehlt die Fähigkeit, Phantasien und Bilder mit ihren Handlungsweisen zu verbinden oder ihre inneren Zustände auf symbolisch-verbale Weise auszudrücken.

Überlegungen zur Diagnostik und Therapie

Die mangelnde Verbindung zwischen impliziten und expliziten Erinnerungsspuren, zwischen subsymbolischen und symbolischen Erlebensweisen führt dazu, daß Impulse und Affekte besonders schlecht kontrollierbar sind. Das äußert sich oft in einem Wechseln zwischen massiver Vermeidungshaltung gegenüber jeglichen Affekten, was zu einer Entwicklungshemmung gerade auch im kognitiven Bereich führt, und massiven Impuls-Affektdurchbrüchen. Spielhemmungen und damit auch ungenügende Symbolisierung wechseln sich ab mit repetitiven, nicht zu einem Ergebnis führenden Spiel. Mit der Entwicklung der narrativen Fähigkeit im vierten, fünften Lebensjahr steht dem Kind normalerweise ein weiteres Instrument zur Verfügung, um die subsymbolische und die symbolische Erlebenswelt miteinander in Verbindung zu bringen. Auch diese Funktion ist bei frühtraumatisierten Kindern gestört (von Klitzing et al. 2000; Waldinger u. Toth 2001). In Geschichtenerzähl-Aufgaben kommt es deshalb zu einer Erzählhemmung oder auch zu einem Vorherrschen aggressiv-inkohärenter Narrative.

Es stellt sich die Frage nach der Möglichkeit psychotherapeutischer Behandlung von in der frühen Kindheit traumatisierten Kindern. Wenn wir ein gewisses Niveau der Mentali-

Die Folgen früher Traumatisierungen

sierung und Symbolisierungsfähigkeit als Voraussetzung für eine psychoanalytische Behandlung definieren, können wir aus den eben beschriebenen Gründen frühtraumatisierte Kinder nicht in Psychotherapie nehmen. Wenn wir aber, wie von Fonagy und Target (2000) vorschlagen, das Erreichen einer Fähigkeit zur Mentalisierung, die reflektive Funktion, zum Ziel der analytischen Behandlung machen, dann sind frühe Traumatisierungen und ihre psychoemotionalen Entwicklungsfolgen eine vorrangige Indikation für analytische Behandlungen im Kindes- und Jugendalter. Wir müssen unsere Technik an die durch Traumatisierungen entstehende Bedürfnisse der Patienten anpassen. Dabei müssen wir wissen, und dafür spricht eine Reihe von empirischen Daten aus der Therapieforschung (Target u. Fonagy 1994, 1996), daß in solchen Fällen hochfrequente Behandlungen, die zudem sehr langfristig angelegt sind, die Therapieform der Wahl sind und daß wir mit kurzfristigen niederfrequenten Behandlungen unter Umständen eher Schaden anrichten können.

Fazit

Frühe Traumatisierungen beeinträchtigen auf einschneidende Weise die psychoemotionale Entwicklung. Sie sind besonders schädlich, wenn die primären Bezugspersonen mitbetroffen sind, wenn es zu einer Trennung von ihnen kommt, wenn ihre extreme Hilflosigkeit erlebt wird oder wenn sie gar selbst Verursacher der Traumatisierung sind wie bei Kindsmißhandlungen. Traumatisierungen in der frühen Kindheit schreiben sich ins Gedächtnis ein, allerdings vor allem im implizit emotionalen Gedächtnis, in Form eines konditionierten Angststimulus, der nicht der Kontrolle durch explizite Erinnerungsinhalte unterworfen werden kann. Symbolische Bedeutung erhalten sie erst in der Nachträglichkeit. Durch Wiederholungszwang, repetitives Spiel oder unbewußtes Wiederherbeiführen der traumatischen Situation wird eine Verbindung zwischen subsymbolischem und symbolischem Erleben gesucht, ein Versuch, der allerdings meist auf der Handlungsebene bleibt. Erst durch eine intensive psychoanalytisch ausgerichtete Therapie kann ein schwertraumatisiertes Kind in der Regel einen ausreichenden Grad der Mentalisierung erreichen, um die früh erlebten psychischen Verletzungen mit einer symbolischen Bedeutungsebene zu verbinden und die psychischen Folgeerscheinungen damit zu kontrollieren.

Literatur

Bauer, P.; Kroupina, M.; Schwade, J.; Dropik, P.; Saeger Wewerka, S. (1998): If memory serves, will language? Later verbal accessibility of early memories. Development and Psychopathology 10: 655–679.

Blos, P. Jr. (2000): Psychic and somatic expression of preverbal loss: Analysis of a child adopted at thirteen months of age. In: von Klitzing, K.; Tyson, P.; Bürgin, D. (Hg.), Psychoanalysis in Childhood and Adolescence. Basel, S. 59–70.

Bucci, W. (1997): Psychoanalysis and Cognitive Science. New York.

Fonagy, P.; Target, M. (2000): Mentalisation and the changing aims of child psychoanalysis. In: von Klitzing, K.; Tyson, P.; Bürgin, D. (Hg.), Psychoanalysis in Childhood and Adolescence. Basel, S. 129–139.

Freud, A.; Burlingham, D. (1944): War and Children. New York.

Freud, S. (1917): Vorlesungen zu Einführung in die Psychoanalyse. III. Teil: Allgemeine Neurosenlehre. G. W. Bd. XI. Frankfurt a. M.

Gaensbauer, Th.; Chatoor, I.; Drell, M.; Siegel, D.; Zeanah, C. (1995): Traumatic loss in a one-year-old girl. J. Am. Acad. Child Adolesc. Psychiatry 34: 520–528.

Green, A. (1999) : Sur la discrimination et l'indiscrimination affect-représentation. Revue Française de Psychanalyse 63: 217–271 (Dt. Fassung in: Zeitschrift für psychoanalytische Theorie und Praxis 14: 138–195).

von Klitzing, K.; Kelsay, K.; Emde, R.; Robinson, J. A.; Schmitz, S. (2000): Gender specific characteristics of five-year-olds' play narratives and associations with behavior ratings. J. Am. Acad. Child Adolesc. Psychiatry 39: 1017–1023.

Laplanche, J.; Pontalis, J.-B. (1967): Vocabulaire de la psychanalyse. Paris (Dt. Fassung: Das Vokabular der Psychoanalyse. Frankfurt a. M., 1972).

LeDoux, J. (1996): The Emotional Brain. New York.

Scheeringa, M.; Zeanah, C.; Drell, M.; Larrieu, J. (1995): Two approaches to the diagnosis of posttraumatic stress disorder in infancy and early childhood. J. Am. Acad. Child Adolesc. Psychiatry 34: 191–200.

Target, M.; Fonagy, P. (1994): The efficacy of psychoananlysis for children: prediction of outcome in a developmental context. J. Am. Acad. of Child Adolesc. Psychiatry 33: 1134–1144.

Target, M.; Fonagy, P. (1996): The psychological treatment of child and adolescent psychiatric disorders. In: Roth, A.; Fonagy, P. (Hg.), What Works for Whom. A Critical Review of Psychotherapy Research. New York, S. 263–320.

Waldinger, R.; Toth, S. (2001): Maltreatment and internal representations of relationships: Core relationship themes in the narratives of abused and neglected preschoolers. Social Development 10: 41–58.

Shlomith Cohen

Trauma und Entwicklungsprozeß – aus der Analyse eines adoptierten Kindes

Viele Faktoren machen eine Adoption zu einem psychischen Gesundheitsrisiko (Brinich 1980). Das adoptierte Kind hat normalerweise leibliche Eltern, die ihrer Aufgabe schlecht gewachsen sind, sich nicht um ihr Kind kümmern können und es deshalb weggeben müssen. Die Schwangerschaft mag unerwünscht gewesen sein, das Kind kann anderweitig nicht versorgt werden. Das Kind kann zu den Elternfiguren, die es nicht versorgen konnten, eine schlechte Bindung entwickelt haben. Vernachlässigung oder Mißbrauch können Grund für die Adoption sein, die wiederum zu traumatischen Trennungs- und Verlusterlebnissen führt. Und: Als adoptiertes Kind wird es von adpotierenden Eltern erzogen, die ihre eigene Geschichte von Frustration und Verlust haben, die sie motiviert hat, Elternschaft durch Adoption zu verwirklichen. Von einer psychoanalytischen Perspektive gesehen wirken diese Faktoren auch als Angstauslöser für das Kind und die Eltern und können im Phantasieleben der beteiligten Personen und in der Entwicklung ihrer Beziehungen innerhalb der Familie thematisiert werden. Die Untersuchung von Adoption in der Psychoanalyse ermöglicht Einblicke, wie sich diese Faktoren wechselseitig beeinflussen, wenn sie zusammentreffen und die Entwicklung eines Kindes formen.

Adoption kann besonders erhellend sein für Aufschlüsse über die hochkomplexe Funktion von Elternschaft in der Entwicklung eines Kindes (Colarusso 1987). Es ist offensichtlich, daß ein Kind ein vitales Bedürfnis nach Eltern hat. Theorien unterscheiden sich darin, wie sie annehmen, daß das Kind dieses Grundbedürfnis konzeptualisiert, sei es als Bedürfnis nach Triebbefriedigung oder nach Objektliebe bis hin zu dem Bedürfnis nach den Eltern, um den Zusammenhalt des Selbst zu gewährleisten. In jedem Fall stimmen alle Theorien darin überein, daß das Kind einen Erwachsenen braucht, der seine Bedürfnisse ernst nimmt.

Goldstein et al. (1986, S. 123) betonen, daß die Einzigartigkeit der Eltern in ihrer völligen Verbundenheit mit ihrem Kind liegt. Das Kind weiß, daß die Eltern *seine* Eltern sind. Man mag das ein Gefühl von Zugehörigkeit nennen, von Verschmelzen mit einem Elternteil, das angemessenes Halten und Containment bieten sollte. Unterschiedliche Begriffe werden in unterschiedlichen theoretischen Rahmen gebraucht, um das Grundgefühl begrifflich zu fassen, als Kind von Eltern geboren zu sein, denen etwas an ihrem Kind liegt, und nicht in eine Umgebung hineingeboren zu werden, die fremd und uninteressiert an der eigenen Existenz ist.

Psychologische Forschungen und therapeutische Bemühungen zwingen oft dazu, sich mit Störungen beim Inidviduationsprozeß zu befassen. Zu diesem Prozeß gehört auch, daß die Eltern immer weniger gebraucht werden, wenn es um die Bewältigung von Frustration und Angst geht. Die Adoption älterer Kinder bietet Gelegenheit, die Entwicklung in der Gegenrichtung zu verfolgen – das heißt, jemandes Kind zu werden und damit einen fremden Erwachsenen in ein Elternteil umzuwandeln. Dieser Prozeß erfolgt auf natürliche Weise am Anfang des Lebens, wenn das Kleinkind das Bedürfnis und die Fähigkeit hat, mit den Eltern eine Beziehung einzugehen, und die Eltern bereit sind, sich auch auf diese Beziehung einzulassen. Ein Kind, das erst später im Leben adoptiert wird, findet sich in einer Situation vor, in der es versucht, eine Beziehung mit Eltern einzugehen, nachdem es bereits eine Vielzahl von Gefühlen erlebt hat mit Elternfiguren, die aus seinem Leben verschwunden sind. Der Fall von später Adoption erlaubt uns, die Kind-Eltern-Beziehung zugleich von zwei Blickpunkten zu erforschen:

der des Traumas, wenn die Eltern nicht mehr zur Verfügung stehen; und der von Entwicklung, wenn es um das Werden einer Eltern-Kind-Beziehung geht. In welchem Maß können wir den letzteren Prozeß als analog zum ersteren betrachten und die neuen Beziehungen als äquivalent zu den primären Eltern-Kind-Beziehungen?[1]

Aus der theoretischen Perspektive betrachtet geht es um das Verhältnis zwischen dem Erleben einer aktuellen Beziehung mit aktuellen externen Objekten und der Konstruktion eines inneren Objekts, das Teil des inneren Repräsentationssystems des Kindes ist (Solnit 1982). Im Fall von Adoption verändern sich die aktuellen Beziehungen mindestens einmal, während sich die inneren Elternrepräsentanzen bilden. Indem wir das innere Erlebnis einer adoptierten Person untersuchen, können wir somit auf das Selbst und die Objekte von einem unterschiedlichen Blickwinkel schauen, was helfen könnte, innere von äußerer Realität zu unterscheiden. Eine bessere Differenzierung kann auch dazu beitragen, mehr über die konstruktiven Prozesse des Selbst und des Objekts zu erfahren – zwei Schlüsselkonfigurationen in der inneren Realität (Green 1972; Loewald 1973).

Ein klinisches Fallbeispiel

Danny, fünfeinhalb Jahre alt, wurde vom Psychologen der Sonderschule, die er besuchte, für eine Therapie überwiesen. Danny konnte nicht an den schulischen Aktivitäten teilnehmen. Er war angespannt und unruhig und entwickelte keine Beziehung zu seinen Lehrern. Er wurde intellektuell als normal betrachtet, aber es war schwer, ihn genauer einzuschätzen, weil er sich dem Kontakt mit seinen Lehrern widersetzte.

---

[1] Von einem Kleinianischen Gesichtspunkt gesehen ist es eine Frage von Wiedergutmachung vs. Entwicklung.

Trauma und Entwicklungsprozeß – Analyse eines adoptierten Kindes

Geschichte

Danny war im Alter von drei Jahren von einem Paar adoptiert worden, das keine eigenen Kinder haben konnte. Die Adoptiveltern und auch ich (die Therapeutin) hatten wenig Information über Dannys Leben vor der Adoption. Er lebte bei seinen leiblichen Eltern im ersten Jahr und wurde dann in ein beschützendes Heim gegeben, offenbar wegen körperlichen Mißbrauchs und Vernachlässigung. Seine Mutter hatte das Interesse an ihm verloren. Sein Vater blieb mit ihm in Verbindung, während er in dem Heim war, aber als er seinen Adoptiveltern übergeben wurde, erachtete man den leiblichen Vater als gefährlich, und das Kind mußte heimlich von ihm ferngehalten werden. Danny schien Erinnerungen an die Besuche seines Vater im Kinderheim zu haben.

Danny war drei Jahre alt und sprach nicht. Am Anfang spielte er oft einen Hund, der sich im Haus versteckte und bettelte hineinzudürfen. Er war noch nicht ganz aus den Windeln, ließ sich aber die Sauberkeitserziehung während des Tages gern gefallen. Zum Leidwesen seiner Mutter blieb der Erfolg nachts dennoch aus. Den Eltern wurden keine Eß- oder Schlafprobleme auffällig, auch keine Ängste, ausgenommen einer gewissen Angst vor Fremden.

Die Eltern waren warmherzig, freundlich und intelligent. Ihre Kinderlosigkeit konnte medizinisch nicht behoben werden, und sie waren sich einig gewesen in ihrer Entscheidung zu adoptieren. Beide kamen aus liebevollen Familien, die die Adoption grundsätzlich unterstützten und hilfsbereit waren, wenn es um Danny ging. Da sie sich recht bald ein Kind gewünscht hatten, waren die Eltern übereingekommen, ein älteres Kind zu adoptieren. Als sie zur Therapie kamen, waren beide Eltern nicht der Ansicht, daß das Fehlen einer Eltern-Baby-Erfahrung Auswirkungen auf ihre Bindung zu Danny haben könnte. Dies traf besonders für die Mutter zu. Sie brauchten ein paar Monate Therapie, um sich dieses emotionalen Umstands bewußt zu werden, was sie dann ermutigte, ein zweites Kind, ein Baby zu adoptieren.

Erster Kontakt – Auswertung

Danny kam allein zu seiner ersten Stunde. Er hatte seine Mutter davon überzeugt, daß er keine Begleitung brauchte; sie brachte ihn bis zum Eingang und ging fort.

Danny rannte herein, schaute sich einen Augenblick um, ging zu den Spielsachen auf der andere Seite des Zimmers und nahm ein Gewehr. Ich sagte etwas über sein Erlebnis, an einem neuen Ort zu sein, mit einer fremden Frau, aber er zeigte keine Reaktion, weder ein Lächeln noch ein Zeichen von Erleichterung. Dann schoß Danny mit dem Spielzeuggewehr auf mich. Ich versuchte noch ein paarmal, über die Angst in der neuen Situation zu sprechen, während Danny wiederholt auf mich schoß; dann machte ich bei dem Spiel mit. Ich spielte „getroffen" und fiel tot um. Diese Reaktion löste ein Lachen aus, das nach Hundegebell klang. Das Spiel wiederholte sich ein paarmal, und bald war Danny dabei, Dinge überall herumzuwerfen, so daß ernsthafte Bruch- und Verletzungsgefahr entstand. Daraufhin nahm ich andere Spielzeuge, die weniger gefährlich und zerbrechlich waren, und schob die riskanteren weg, aber das Muster änderte sich nicht – ein paar Sekunden Spielen endete damit, daß er die Spielsachen hinwarf und zerbrach. Kein Hinweis auf seine Angst vor einer neuen Person und einer neuen Situation vermochte eine Brücke zwischen mir und diesem unbändigen Kind zu schaffen. Er war wie ein ungezähmter kleiner Wilder. Noch bevor unsere Zeit zu Ende war, wollte Danny unbedingt seine Mutter sehen und rannte die Treppen hinab, um auf sie zu warten. Ich begleitete ihn.

Als er seine Mutter wiedertraf, gab Danny kein Anzeichen von Streß oder Klage. All die Angst schien nur mein Erlebnis gewesen zu sein. Es bedurfte eines weiteren Treffens, bevor ich Danny weiter evaluieren und entsprechende Empfehlungen geben konnte.

Die nächste Stunde begann ein wenig ruhiger. Danny sagte seiner Mutter, daß sie gehen könne, und rannte herein. Wieder nahm er das Gewehr und berührte ein paar andere Spielsachen, die er wiedererkannte. Aber bald nahm seine

Rastlosigkeit wieder überhand. Er regte sich darüber auf, daß der Ball, den er in der vorigen Sitzung gesehen hatte, verschwunden war. Er ließ sich durch meine Erklärungen nicht beruhigen und wollte nicht mit mir im Zimmer bleiben. Auf seine Angst Bezug zu nehmen, zeigte keinerlei erleichternde Wirkung. Danny wollte hinuntergehen zum Spielen; ich stimmte zu. Sobald wir da waren, rannte er los auf die Straße und ließ nicht zu, daß ich ihm näherkam; so versetzte er mich in Anspannung und Angst, die Kontrolle über die Situation zu verlieren. Nach einiger Zeit kam er zurück und fing an, mit der Tür des Hauses zu spielen – ich außen und er innen, er öffnete die Tür für mich und schloß sie. Etwas an der Interaktion erinnerte mich an die ersten paar Minuten unseres Treffens – wie ich hinunterkam und Danny und seine Mutter begrüßte. Es war der einzige freudige Moment, den Danny in unserer gemeinsamen Zeit gehabt hatte – wenn er auf mich zielte und ich tot spielte. Ich empfand, daß er mich in eine Lage gebracht hatte, in der ich die Dinge von seinem Standpunkt aus sehen mußte, während er die Kontrolle hatte. Deshalb entschloß ich mich, seine Rolle zu übernehmen.

Ich sagte: „Jetzt bin ich Danny. Ich möchte hineingehen, aber die Tür ist zu. Laß mich rein. Ich habe Angst, allein hier draußen zu sein. Ich muß reinkommen. Du bist so stark, und ich habe so viel Angst. Laß mich rein." In diesem Augenblick veränderte sich Danny wie durch ein Wunder. Er sagte: „Ich bin Shlomith." Ich war erstaunt, daß er meinen Namen wußte. Er kam zu mir, sagte mir, ich brauche keine Angst zu haben, und gab mir seine Hand. Bis zu diesem Augenblick war kein körperlicher Kontakt mit ihm möglich gewesen. Ich sagte, ich wolle gehen und ihr (Shlomiths) Zimmer sehen, aber ich hätte Angst vor den vielen neuen und unbekannten Dingen dort. Er gab mir zärtlich seine Hand und beruhigte mich, und wir gingen miteinander hinaus.[2]

---

[2] Abrams (1991) beschreibt ein ähnliches Erlebnis im Erstkontakt mit einem Mädchen, das eine Geschichte von Verlassenwerden und Verlusten erlitten hatte. Abrams' Patient war taub, und es ergaben sich andere Kommunikationsprobleme.

Als seine Mutter kam, um ihn abzuholen, schaute sie sich im Raum um, und ich war sehr überrascht, als sie sagte: „Ich sehe, du hattest eine sehr schöne Zeit" – und Danny zustimmte.

Ich habe den Anfängen meines Kontakts mit Danny so genaue Aufmerksamkeit gewidmet, weil darin die meisten Motive enthalten sind, die für unsere therapeutischen Kommunikationsbemühungen relevant waren:
– Danny ist ein wildes, verängstigtes Kind, das kein Erbarmen mit Menschen oder Objekten hat und sie mit oder ohne Absicht verletzt.
– Danny hat eine außerordentliche imaginative und schauspielerische Begabung und kann sie überall, jederzeit und anscheinend mit jedem nutzen.
– Danny kann bemerkenswert rücksichtsvoll sein im Umgang mit einer schwachen Person, die nicht er selbst ist.
– Danny hat erstaunliches Vertrauen auf eine wohlwollende Erwachsene und zugleich große Angst vor ihr.
– Die Inhalte, die eingebracht wurden (durch mich, Dannys Hinweisen folgend), bestanden darin, akzeptiert zu werden, und in dem dringenden und angstbesetzten Wunsch, in das Heim einer fremden Frau aufgenommen zu werden.
– Der Umgang mit Danny ist geprägt von einem hohen Grad an emotionaler Intensität, die in einem regulären therapeutischen Setting schwer gehalten werden kann. Das heißt, das erste Dilemma für die Therapeutin hing mit der Notwendigkeit zusammen, ihre haltende Funktion sicher zu garantieren, so daß sie sich Dannys exzessiven Bedürfnissen und Emotionen stellen konnte, die so unvermittelt auf sie gerichtet waren.

In Anbetracht von Dannys Fähigkeit zu spielen einerseits und seiner Störung im emotionalen Ausdruck und in Beziehungsgestaltung andererseits wurde Psychoanalyse empfohlen.

Danny zeigte, daß er am liebsten mit jemandem kommunizieren würde, der bereit wäre, durch seine aggressive Abschirmung hindurchzusehen und mit seinem geängstigten und sehnsüchtigen Innersten in Berührung zu kommen. Er schien auch nur mit jemand in Beziehung treten zu wollen, der bereit war, seine Phantasiewelt zu respektieren und zu teilen. Das konnte am besten im Rahmen einer intensiven Behandlung erreicht werden. Als einen diagnostischen Aspekt ließ Dannys unmittelbare Reaktion auf eine Intervention mit spielerischen Elementen erkennen, daß Ich-Stärke vorhanden war mit dem Potential für Internalisierung und Sublimierung, auf die der psychoanalytische Prozeß bauen konnte. Eine weitere Überlegung betraf Dannys Eltern, denen man die für eine analytische Behandlung nötige Unterstützung zutrauen konnte.[3]

Danny begann eine Analyse, vier Stunden pro Woche. Von Beginn an präsentierte er eine Mischung aus einem äußerst intensiven Wunsch nach Kontakt mit mir, der Therapeutin, sowie nach dem Raum und dessen Ausstattung und einer totalen Rücksichtslosigkeit in seinem Verhalten. Der enge Kontakt war körperlich und geprägt von Vertrauen zu mir, vor der er zugleich Angst hatte. In der ersten Stunde zum Beispiel warf Danny die Dinge überall hin und bat mich dann, ihn zu halten, damit er von oben auf einen Stapel Kissen springen konnte. Dann warf er weiter Sachen herum, und als ich ihn in die Arme nahm, um seinem destruktiven Verhalten Einhalt zu gebieten, fing er an zu weinen, weil er sich am Finger weh getan hatte.

Ein paar Stunden später mißachtete Danny meine Warnungen und kletterte auf eine gefährliche Stelle im Flur. Dann bat er mich, ihm meine Hand zu geben, und fing gleich darauf an zu schreien: „Du stößt mich runter. Du stößt mich runter." Ich war völlig überrascht von seiner Verwirrung zwischen Schutz und Bedrohung. Aber kurz darauf kam ein Fremder vorbei, und Danny verhielt sich wie ein interessiertes und neugieriges Kind. Dadurch zeigte er, daß er sich wie in einer Spielsituation verhielt – daß er ein

---

[3] Über die Bedeutung der elterlichen Zusammenarbeit siehe Wieder 1978 und Colarusso 1987.

schmerzliches Erlebnis erzählte, während er sich tatsächlich sicher fühlte. Zugleich demonstrierte er, wie verwischt für ihn die Grenzen zwischen dem Erlebnis von Sicherheit und von Gefahr bei demselben Objekt waren.

Über eine lange Zeit hinweg war körperlicher Kontakt die einzige Möglichkeit, Danny zu begrenzen und zu schützen, wenn er erregt war. Es schien, als protestierte er wütend dagegen, sich selbst seine Begrenzungen auferlegen zu sollen. Als er zum Beispiel ein Puppenhaus benützte, schob er alle Puppen in eine Ecke und versuchte selbst einen Weg ins Haus zu erzwingen oder zumindest auf dessen Dach. Die Tatsache, daß das Haus zu leicht gebaut war, um sein Gewicht auszuhalten, machte ihn nur noch wütender. Ich mußte Dannys Anstrengungen einschränken, damit er nicht das Haus zerbrach. So erlebte er die Therapeutin zugleich als gebend und verbietend.

Es gab viele Situationen, in denen Danny die therapeutische Situation sowohl fördernd wie frustrierend empfand. Zunehmend äußerte er seinen Wunsch, das Baby einer Mutter zu sein, die ihn nicht verließ; doch stieß er oft an realistische Grenzen, die der Erfüllung seines Wunschs im Weg standen. In die Stunde zu kommen und den Raum am Ende der Stunde zu verlassen wurde als Verlassenwerden erlebt, was Mißtrauen und große Wut auslöste. Es gab keinen Trost im Fall von Verlassenwerden. So konnte er zum Beispiel die Spielsachen, die ich für ihn bereitgestellt hatte, nicht in seiner Schachtel in der Gewißheit zurücklassen, sie in der nächsten Stunde dort wieder vorzufinden. Statt dessen steckte er sie in seine Tasche und zerstörte die Schachtel.

Danny erlaubte mir in keiner Weise etwas anderes als vollen, direkten Kontakt mit ihm. Sein Angriff galt der verlassenden Mutter. Er konnte keinen Gebrauch machen von irgendeiner symbolischen Repräsentation der Mutter als Trost in ihrer Abwesenheit. Jegliche Substitution der realen Beziehung zwischen Baby und Mutter wurde als Betrug erlebt und zerstört. Das neue gute Objekt wurde als verführend und gefährlich erlebt. Im Spielzimmer bot ich Danny eine große Puppe an, in der Annahme, er könne sich sicher fühlen, wenn er mit ihr spielte und aggressiv mit ihr umging. Aber innerhalb von ein paar Minuten hieb er mörderisch auf sie ein. Er und ich fanden uns oft allein vor, ohne jede Vermittlung. Es gab keinen Übergangsraum, der uns gehalten und vor der unerträglichen Realität von Zerstörung und Schmerz beschützt hätte

In dieser chaotischen Phase lag mein Beitrag vor allem darin, Danny und den Raum vor seiner Gewalttägigkeit zu schützen und zunehmend die Rolle des verwirrten, hilflosen, verlorenen Kindes zu übernehmen, das so gern zur Therapeutin kommen will, aber auf vielfältige Weise daran gehindert wird. In der Rolle des Erwachsenen war Danny frustrierend, aber auch rücksichtsvoll, genau wie in unserer ersten Begegnung.

Das Erlebnis einer Mutter-Kind-Beziehung entsteht

Von Anfang an machte Danny klar, daß er es sich nicht leisten konnte, sich als bedürftiges Baby zu erleben, das sich nach einer Mutter sehnt. Das Verbot dieser Vorstellung stieß ihn in unerträgliches Chaos. In der Therapie erwachte der kindliche Wunsch nach einer Mutter in einem komplexen Prozeß.

Nach etwa zwei Monaten Therapie berichteten die Eltern, daß Danny nichts aß, weder zu Hause noch in der Schule. Zunehmend wurde klarer, daß er damit ausdrückte, nicht weiter wachsen oder vielmehr wieder ein Baby werden zu wollen. An dieser Stelle erinnerte sich Dannys Mutter: Als er mit drei Jahren zu ihnen kam, gab sie seinem Wunsch, von einer Babyflasche zu trinken, nicht nach, sondern bestand darauf, daß er wie ein großes Kind aß. Dies gab Gelegenheit, im therapeutischen Kontakt mit den Eltern auf einige ihrer Verlustgefühle einzugehen, die daher rührten, daß sie Danny nicht als Kleinkind bekommen hatten und daß sie nicht in der Lage waren, ein eigenes Kind zu haben. Die Eltern standen zu ihren Gefühlen von Verlust und Frustration und brachten mehr Verständnis für Dannys Verlangen auf, für seine Adoptiveltern ein Baby sein zu dürfen.

Regression vollzog sich hauptsächlich durch körperliche Empfindungen. Danny wollte getragen, berührt, gestreichelt werden. Er schaffte Situationen, in denen er getragen werden mußte und er mich sein volles Gewicht spüren lassen konnte. Doch Danny war nicht nur ein Baby, das beruhigt werden wollte. Berühren war auch angereichert mit sexuellen Gefühlen, so daß es zugleich aufregend und gefährlich war. Folglich wurde die Therapeutin wieder als frustrierend und zurückweisend erlebt, wenn sie dem Ausleben von sinnlichem Verbundensein Grenzen setzen mußte.

Um der Komplexizität seiner Gefühle Ausdruck zu verleihen, die sich bei seinem Wunsch regten, Baby einer fürsorgenden Mutter zu sein, begann Danny auf den Boden des Spielzimmers zu urinieren und zu defäkieren. Dieses Verhalten stellte die therapeutische Situation vor eine neue Herausforderung und warf Fragen des Managements auf. Es war klar, daß Danny einen Weg gefunden hatte, die Kontrolle der Therapeutin zu umgehen, indem er die Kontrolle über seine Exkremente demonstrierte. Mein Dilemma spitzte sich in der Frage zu, ob ich bei solchem Verhalten die Stunde unterbrechen oder ob ich es als Ausdruck eines inneren Zustands ansehen sollte, der wie jeder andere Ausdruck in der therapeutischen Situation durchgearbeitet werden mußte. Die Dringlichkeit dieses Verhaltens und Dannys begrenzte Ausdrucksmöglichkeiten innerhalb wie außerhalb der Analyse bewegten mich, Wege zu finden, mit den Exkrementen im Raum umzugehen, ohne die Stunde abzubrechen. (Meine eigene Toleranz spielte eine Rolle bei dieser Entscheidung.)

Von Anfang an vermittelte dieses Verhalten den Sinn von Vergeltung und Bestrafung einer schlechten Mutter, aber auch andere Elemente kamen hinzu. Danny mochte es nicht, wenn ich auf der Reinigung des Fußbodens bestand, und akzeptierte die Interpretation: Er wünsche sich, seine Produkte würden angenommen und genossen, und nicht in die Toilette geworfen. Dies illustriert eine Vignette vom letzten Teil einer Stunde, im zehnten Monat der Analyse: Im Spiel war ich eine schlechte Mutter, die ihr Kind nicht davor schützen konnte, von einem gefährlichen Fahrer verletzt zu werden. Dies führte zu einer Unterbrechung, und ich wurde tatsächlich „schlecht" für Danny, weil ich ihm verbot, mit einem Ball in destruktiver Weise zu spielen. Danny schnappt sich den Ball und rennt zur Toilette. Er ruft mich in das Badezimmer, um mir zu zeigen, wie er Dinge durchs Fenster werfen kann.

S.: Willst du sehen, was den Dingen passiert, wenn sie rausfallen? Vielleicht möchtest du auch wissen, was mit dem Pipi und dem Kacka passiert, das in der Toilette verschwindet. Vielleicht denkst du, daß das auch dem Baby Danny passierte, das aus Mutters Bauch fiel und verlorenging.
D.: Ich bin ein Kacka-Junge. Ich kam vom Hintern raus.
S.: Wenn du vom Hintern rausgekommen bist wie Kacka, dann hast du Angst, daß es dir passieren kann wie dem Kacka, daß Mama und Papa und Shlomith dich nicht haben wollen.

Baby zu werden bedeutet für Danny, eine Mutter wiederzubeleben, die ihn verläßt, die ihn behandelt hat wie Exkrement – etwas, das aus dem Körper kam und weggeworfen werden sollte.
Nun ist die Aufgabe der Therapie, Danny zu helfen, Vertrauen zu entwickeln in seinen Selbstwert, darauf, daß er nicht Wegwerfmaterial ist, sondern einen Wert in sich hat. In dieser Phase erlebte Danny, daß, wenn er als ein urinierendes Baby akzeptiert wurde, es zugleich bedeutete, daß er selbst akzeptiert wurde.

Im 13. Monat der Analyse: Danny steht an der Tür, ist sehr erregt, zögert hereinzukommen. Er hat eine rosa Elefantenpuppe, die er „Shira" nennt, die abwechselnd sein Baby und seine kleine Schwester ist. Im Zimmer fängt er sofort einen Krieg mit mir an, uriniert und defäktiert.

S.: Heute ist Krieg zwischen uns. Du ärgerst dich sehr über mich.

Danny rennt zu seiner Mutter und verlangt etwas zum Essen, das sie in ihrer Tasche hat. Er möchte, daß sie mit uns im Spielzimmer ist, und ich unterstütze ihn, weil ich denke, er kann nicht allein mit mir sein. Im Spielzimmer liegt er auf dem Tisch wie ein Baby und möchte, daß Mama ihn füttert.

S.: Danny möchte so gern Mamas Baby sein. Aber wenn er zu Shlomith kommt und wie ein Baby mit mir ist, ist er nicht sicher, daß er noch Mamas Baby ist.

Danny will Mamas Augen verdecken und eine Überraschung bereiten. Er kriecht unter den Tisch, und Kleidungsstücke werden in den Raum geworfen. Tatsächlich gelingt es ihm, uns zu überraschen, denn er kommt völlig nackt hervor.

S.: Überraschung! Ein neues Baby ist soeben geboren. Du willst wirklich das neue Baby sein von Anfang an, so nackt, wie es aus Mamas Bauch kommt. Aber wir haben die Regel, daß wir hier nicht nackt spielen, und deshalb mußt du dich wieder anziehen.

Danny wird sehr erregt, rennt weg von seiner Mutter, so daß sie ihn nicht zum Anziehen zwingen kann. Er spielt mit einer Kette, die er in seiner Hand hatte, zieht sie um seinen Penis zusammen. Er uriniert, will auf Mama pinkeln und auf die Kissen, rennt mit mir in die Toilette und lädt mich ein, sein Kacka zu berühren.

S.: Ich spiele nicht mit Kacka, aber ich sehe, wie sehr du willst, daß ich mit dir spiele.

Danny ist sehr wild, rennt zurück in das Zimmer und tut seiner Mama weh; er tritt, beißt, schlägt mit seinen Fäusten. Sie verläßt das Zimmer, und ich bleibe mit Danny, so wie wir es vorher vereinbart hatten.

S.: Es bringt dich so durcheinander, wenn du Mamas und Shlomiths Baby zugleich bist.

Danny weint wütend, und ich sitze neben ihm. Er schreit: „Du lügst! Du lügst!"

S.: Du denkst also, daß ich lüge, wenn ich dich wie ein Baby sein lasse, wie mein Baby, daß ich dich schütze und liebhabe, und dann setze ich alle diese Grenzen und sage, daß du nicht überall hinpinkeln kannst, nicht nackt sein kannst, daß du am Ende der Stunde von mir weg mußt. Du denkst, daß ich dich anlüge und du in Wirklichkeit nicht das Baby sein kannst, das du so sehr sein möchtest.

Dannys Weinen wird intensiver und wechselt von Rage zu Verzweiflung. Nach ein paar Minuten fragt er nach der Zeit, die Stunde ist so gut wie zu Ende, und sagt mir, ich solle Mama rufen. Er findet es schwierig, sich aufzumachen.

Für Danny ist es schmerzlich, mit Dingen zurechtzukommen, die er nicht in der Realität erleben kann, und dies ist eine Quelle von Gegenübertragungsreaktionen für mich. Ein gewisses Maß an Aussöhnung mit der Realität von Verlust und Abwesenheit mußte erfolgen, bevor der Prozeß der Symbolisierung und der Entfaltung einer inneren Mutter-Kind-Bindung weitergehen konnte. Das Schaffen von Verbindungen *(bonding)* war repräsentiert durch ein Seil oder ein Stück Schnur, Tesafilm oder Toilettenpapier. Alle diese Materialien wurden abwechselnd gebraucht, um mich und Danny zusammenzubringen, den Abstand zwischen uns zu überbrücken, aber hauptsächlich dazu, ihn zu mir gehörig zu machen – mein Junges, mein Baby.

Im weiteren Verlauf der Therapie hegte Danny weiterhin den Wunsch, mein Baby zu sein, von mir geboren zu sein, in mir zu sein. Einmal lag er auf meinem Schoß und deckte sich mit einer Decke zu. Er tat, als wäre ich schwanger mit einem Zicklein, und erzählte mir, wie ich mein Baby in meinem Bauch spüren könne. Die Geburt brachte eine gefährliche Situation. Nun fühlte sich das Zicklein auch bedroht von der Person, in der es war.

Danny spielte viele Variationen zum Thema gefährliche Schwangerschaft und Geburt und Verlangen nach einer liebevoll sorgenden Mutter durch. Doch das Thema vom beginnenden Leben brachte uns zurück zu dem der Mutter-Baby-Bindung.

Eine weitere Vignette – ein paar Monate später

Danny schafft eine Situation, in der er ein Baby ist und ich eine Frau, die es schlachten und fressen will. Ich fand diese Rolle schwer zu spielen und fühlte mich wie die Hexe in „Hänsel und Gretel". Aber zu meiner Überraschung hat Baby-Danny nicht Angst. Er kommt willig zu der Frau und wartet begierig darauf, gefressen zu werden. Diese unerwartete emotionale Reaktion bringt mich dazu, das Freß-Erlebnis in einem neuen Licht zu sehen, daher meine Interpretation: „Das Baby will von der Frau gefressen werden und wünscht sich, daß es ihr gut schmeckt. Es will, daß ich es in meinem Leib haben will, weil es dann weiß, daß ich es liebhabe."

Danny sagt: „Jetzt fangen wir nochmal an. Ich bin ein Baby in einem Heim, und du nimmst mich und frißt mich." Nun, nachdem Danny seine Phantasie so klar dargestellt hat, ist es möglich, das Gefühl von Verlassensein mit dem Wunsch zu verbinden, eine Mama zu haben, von deren Körper er so sehr Teil ist, daß er ihr für immer gehören wird.

Das Spiel verwandelt sich allmählich zu einer anderen Art von Aneignung, die aus der jüdischen Tradition der Beschneidung kommt. Nun wird das Baby von der Mutter in Besitz genommen, und es gibt sich ihr hin, während es zugleich dagegen protestiert. Die Therapeutin als Mutter muß nun den schmerzlichen Akt der Aneignung durch Beschneidung vollziehen und gleichzeitig das weinende, ängstliche Baby füttern, halten und trösten.

Das wichtige Erlebnis für Danny in dieser Phase seiner Entwicklung war, als Teil von Mama geliebt zu werden – das heißt das Erlebnis, zu einer Mutter zu gehören.[4]

---

[4] Die Beziehung zwischen dem Erlebnis von Verschmelzen und

Als Teil des Objekts konnte er sich selbst werden und seine eigene unverwechselbare Existenz erlangen. Nun können wir den psychischen Zustand besser verstehen, in dem Danny war, bevor er diese Phase erreichte – als er es noch nicht genießen konnte, seine eigenen Dinge zu haben und sie konstruktiv zum Zweck der Symbolisierung zu nutzen. Vor dem Erlebnis, mit einer liebenden Mutter zu verschmelzen, konnte er sich, seinen Körper und seine Triebe nur als gefährlich erleben. In dieser Lage konnte er keine Objekte benutzten, denn sie waren Teile einer gefährlichen Welt. Spielsachen und andere Objekte mußten weggeworfen oder in Waffen verwandelt werden, um sich im Überlebenskampf schützen zu können. Verschmelzen und Zugehören waren wichtig für das Entstehen eines potentiellen Raums, der es erlaubte, der Außenwelt neu zu begegnen und sich seinen eigenen inneren Spannungen zu stellen. Der letzte Teil der Stunde legt nahe, daß das Trauma von Verlassenwerden und Adoption auch Auswirkungen auf die Entwicklung von Geschlechtsidentität, Sexualität und Schuld hatte.

Mit seiner neuen Errungenschaft erreichte Danny eine neue Phase der Behandlung. Er interessierte sich mehr, Dinge mit mir zu teilen und miteinander zu spielen; dazu gehörten auch unser gemeinsames Basketballtraining und Wettspiele. Er lieh mir seine eigenen Sachen, so daß ich mit ihm spielen konnte, solange er sicher war, daß er sein Eigentum am Ende der Stunde zurückbekam. Seine Anspannung legte sich beträchtlich, und er konnte es mit zerbrochenen Dingen aushalten, zum Beispiel einem zerbrochenen Fenster, ohne

---

dem von Zugehören verdient eine Würdigung, die über das Thema dieses Kapitels hinausginge. Während Verschmelzen *(merging)* ein gängiges psychoanalytisches Konzept ist, wurde des Gefühl des Zugehörens *(belonging)* noch kaum diskutiert. Siehe Kohut (1984) für eine vorläufige Darlegung des Sachverhalts. Das hier präsentierte Material weist auf ein wichtiges Erlebnis hin, das mit dem Verlust des Gefühls eines individuellen Selbst zu tun hat, das heißt ein Gefühl von „Ich" aber mehr noch mit einem Erlebnis, das am besten ausgedrückt wird durch das hebräische Wort *shel*, das „Zugehören" ausdrückt: *der Sohn von ...*

daß seine Welt zusammenbrach. Er interessierte sich mehr für seine Schachtel im Zimmer. Er genoß es, seine eigenen Sachen dort zu lassen und dann nachzusehen, was drinnen war, und alte Sachen, die er schon vergessen hatte, wiederzufinden. Er zeigte auf verschiedene Weise, daß er mich als eine besondere Person betrachtete, mit der er besondere Geheimnisse hütete, die Geheimnisse des Babys mit seinem Primärobjekt, mit dem er leidenschaftlich Liebe, Haß, Verlassenheit und Vernichtung erlebte. Sein Selbst gewann an Zusammenhalt, das Objekt an Zuverlässigkeit.

Exkrete – eine Möglichkeit, die Mutter-Baby-Bindung zu formen

Ich habe schon erwähnt, daß Danny in frühen Phasen der Analyse viele seiner Kontakte mit der Therapeutin durch Urinieren und Defäkieren im Behandlungzimmer aufnahm und daß ich mich entschied, diese schwierigen Momente in die analytische Situation mit einzubeziehen. Diese Entscheidung erlaubte uns, ihre Bedeutung und Funktionen tiefer zu ergründen. Die Spannungen von Trieben und Bedürfnissen, die auf diese Weise ausgedrückt wurden, sollen nun näher betrachtet werden.

Bald nachdem Danny Urinieren als eine Weise von Protest und Rache eingeführt hatte, wurde es klar, daß für ihn Pinkeln und Defäzieren im Spielraum eine wichtige Regressionsmöglichkeit in eine Baby-Mutter-Beziehung bot. Allgemein betonen Beschreibungen von frühen Mutter-Kind-Beziehungen den Hunger des Kindes und das Geben von Nahrung durch die Mutter; daher die gute Brust. Auf der anderen Seite ist die Abwesenheit der Mutter, so daß das bedürftige Kind seinem Schmerz überlassen bleibt; daher die böse Brust. Es gibt jedoch noch eine andere Facette der Mutter-Kind-Beziehung, die in diesen Beschreibungen kaum Beachtung findet: die Aufgabe der Mutter, das Kind von seinen Exkrementen zu säubern und so den Zustand des Unbehagens für das Kind zu beheben. Das Erleben des Körpers als Quelle von Exkrementen wird hauptsächlich als Ausdruck von infantiler Aggression oder Sadismus diskutiert (Freud 1905); Ziel sei die Rache an der bösen Brust (Klein 1952; Riviere 1952; Isaacs 1952). In Anbetracht von Schmutz und Geruch von Exkrementen ist es nicht überraschend, daß sie leicht als Träger von allem gesehen werden, was widerlich und feindselig in den frühen Beziehungen ist. Doch Klein und ihre Schüler erkannten noch eine andere Seite der Exkremente: Sie sind auch ein Geschenk, der Ausdruck der Liebe des Kindes zu seiner Mutter. Winnicott (1969) war nicht damit zufrieden, das Kind als völlig passiv zu sehen, und er machte etliche Beobachtungen, die das Baby als aktiven Teilnehmer in der Mutter-Kind-Beziehung erweisen. Interessanterweise konzentrierte auch Winnicott sich auf die Situation des Nahrunggebens und ignorierte Kleins Idee zur Bedeutung von Exkrementen. Das Material aus Dannys Analyse bietet eine Möglichkeit, Exkremente als Mittel des Kindes zu erkunden, die ihm ermöglichen, in der frühen Mutter-Kind-Beziehung Initiative zu entwickeln und Ausdrucksformen seines Selbst zu finden.

Objektbeziehungen, die sich mit Exkrementen befassen, unterscheiden sich von denen, die sich mit Ernähren befassen. Beim Ernähren wird die Spannung erlebt, wenn das Kind allein ist und die Mutter braucht, um den Streß durch Nahrungsgabe zu beenden. Beim Urinieren und Defäzieren dagegen beginnt und endet die Spannung im Kind; die Mutter kann nur als Außenstehende helfen, die Ergebnisse dieser Prozesse zu beheben und durch Wickeln und Waschen einen Zustand des Wohlbefindens wiederherzustellen. Dieses wiederholte Erlebnis innerhalb der Mutter-Kind-Dyade kann als Prototyp dafür dienen, daß das Objekt den inneren Druck akzeptiert, den das Selbst nicht in der Lage ist auszuhalten. Umgekehrt sehen wir oft, daß ein Elternteil, das das Kind ablehnt, sich typischerweise durch dessen Exkremente abgestoßen fühlt. (Es ist auch typisch, daß Eltern von den Exkrementen anderer Kinder mehr abgestoßen sind als von denen ihrer eigenen Kinder.)

Diese Analyse fügt noch eine weitere Dimension hinzu, was den Stellenwert des Phallus und der Exkremente in der Entwicklung des Selbst betrifft. Da Exkrete von innen entstehen, können sie eine immerwährende Quelle von Erfülltsein und ein sicheres Zeichen der Existenz sein. Das Objekt reagiert normalerweise auf das, was aus dem Körper des Kindes kommt, mit Anerkennung und Fürsorge. Aber durch diese Fürsorge gelangt das Kind zu einem neuen Bewußtsein – nämlich daß sein Körper Produkte schafft, die weggeworfen werden. Das Kind ist dann in der Lage, zwischen dem wertvollen Selbst und seinen entsorgten Exkrementen zu unterscheiden (Winnicott 1964). In Dannys Fall konnten wir sehen, daß er entweder diese Unterscheidung nicht entwickelte oder daß sie von seinem Erlebnis totaler Ablehnung ausgelöscht wurde. Das Weggeben seiner Exkrete glich also dem Weggeben seines ganzes Selbst, und er wurde zu einen „Kacka-Jungen", der gegen eine abweisende Mutter um sein Existenzrecht kämpfen mußte.

Wenn wir die Perspektive nochmal wechseln, können wir sagen, daß in einer Phase vor der Schließmuskelkontrolle eine Beziehung zwischen Mutter und Kind geschaffen wird, die durch die Exkremente vermittelt wird. Weil die Exkremente in dem intermediären Raum zwischen innen und außen und zwischen Kind und Mutter sind, können sie gut den Status von Übergangsobjekten erhalten. Die Decke des Babys enthält die Gerüche von der Milch der Mutter und auch Spuren der körperlichen Funktionen des Kindes. Aber wenn solch ein zuverlässiges Objekt dem Baby für die Bindung nicht zur Verfügung steht, können die Exkremente selbst diese Funktion übernehmen. Das könnte bei Danny der Fall gewesen sein.[5]

---

[5] Interessanterweise hat Brinich (1980) einen Fall von einem adoptieren Kind beschrieben, wo Verschmutzung der Brennpunkt der mütterlichen Beschwerden und der Ablehnungserfahrung des Kindes war.

Projektive Identifikation – die Mutter-Baby-Bindung formen

In der Analyse von Danny sahen wir immer wieder, daß projektive Identifikation ein wesentlicher Kommunikationskanal von inneren Erlebnissen war. Die Eigenart dieses Mechanismus ist ausführlich diskutiert worden (Klein 1955; Ogden 1979; Rosenfeld 1987; Sandler 1987; Kernberg 1992). Es ist allgemein anerkannt, daß projektive Identifikation ein Abwehrmechanismus und ein Kommunikationsmodus ist, der in der frühen Entwicklung wurzelt, in einer Phase, in der das Bewußtsein eines subjektiven Selbst und der Existenz des Anderen entsteht, aber die Grenzen zwischen dem Selbst und dem Anderen noch nicht voll etabliert sind. Dieser sehr primitive Beziehungsmodus wird normalerweise vom Blickpunkt der Pathologie als ein Zeugnis der Unfähigkeit des Patienten gesehen, Objektbeziehungen auf höherer Ebene zu entwickeln, wo besser zwischen dem Selbst und dem Anderen unterschieden werden kann.

Der Fall von Danny erlaubt uns, den Mechanismus der projektiven Identifikation unter einem anderen Aspekt zu sehen, nämlich dem der Entwicklung. Für Danny wurde es zum Eckstein der therapeutischen Beziehung, eine Erwachsene zu haben, die bereit war, sein eigenes Erleben zu erleben. In der Anfangsphase ebnete seine Erfahrung, jemanden zu erleben, die bereit war, in sich selbst das geängstigte und verlangende Kind zu spüren, den Weg, ihm nahezukommen. Später, zum Beispiel in dem Spiel mit der verschlingenden Mutter, wurde die erlebnisbereite Erwachsene der Kanal, durch den er seinen unbeugsamen Wunsch nach einer eigenen Mutter ausdrückte – einer Mutter, die ihn so sehr liebte, daß sie ihn in sich haben wollte. Weil Danny durch Verlassenheit traumatisiert war, weist er auf eine Störung der frühen, ganz besonderen Mutter-Kind-Beziehung hin. In dieser speziellen Beziehung, die Winnicott *primäre mütterliche Hingabe* nennt, ist die Mutter nicht nur ein stillendes Objekt, sondern auch ein Objekt, das zuläßt, sich vom inneren emotionalen Zustand des Kindes bewegen zu lassen. Dies ist die Spiegelfunktion der Mutter. Von der Perspektive der Mutter aus sprechen wir von ihrem Erleben des Kindes in ihr selbst, aber doch unterschieden von ihr selbst. Von der Perspektive des Kindes aus sprechen wir von seinem Erleben, in der Mutter zu existieren als getrennter und doch wirklicher Teil ihres Seins. Für das Baby beginnt Mutterschaft im Leib, als Gehaltenwerden von jemandem. Füttern und eine schützende Grenze bieten sind wichtige Funktionen einer Mutter, sie sind aber nicht hinreichend ohne die wesentliche Funktion von Containment. Diese Idee ist nicht neu, aber der Fall von Danny veranschaulicht dramatisch diese theoretische Konzeption.

Danny war traumatisiert durch Verlassenheit und durch das Erlebnis, adoptiert zu sein, und deshalb mußte er mit zwei Entwicklungsprozessen gleichzeitig fertig werden. Erstens mußte er eine fremde Erwachsene in eine Mutter verwandeln; zweitens mußte er im Bereich der Objektbeziehungsentwicklung die Aufgabe der Differenzierung zwischen Selbst und Objekt angehen. Diese zwei Aufgaben waren wechselseitig abhängig, denn während sich das innere Objekt weiterentwickelte, mußte es ein äußeres Objekt mit einbeziehen. Es scheint, daß Danny dazu den Mechanismus nutzte, der für solche Aufgaben vorgesehen ist, nämlich projektive Identifikation. Differenzierung mußte bedeutungslos bleiben, solange nicht ein Gefühl von Zugehören erreicht war. Das verfrühte Erlebnis von Getrenntheit bedeutete Entfremdung und Gefahr und aktivierte einen Überlebenskampf. Das Erlebnis von Containment durch eine fürsorgende Erwachsene eröffnete eine neue Beziehung zur äußeren Realität; dort konnte es zum Lernen und weiteren Wachsen genutzt werden.

Ergebnis

„Es gibt nicht so etwas wie ein Baby ohne Mutter" – dieser Satz von Winnicott (1964) ist zum Eckstein für unser Verständnis der lebenswichtigen Funktion der Eltern in der kindlichen Entwicklung geworden. Er steht über einer

Trauma und Entwicklungsprozeß – Analyse eines adoptierten Kindes

Vielfalt von Meinungen über die spezifischen Beiträge, die Eltern für die Entwicklung ihres Kindes beitragen können. Adoption ist eine Situation, in der der Prozeß, eine Beziehung mit Eltern zu entwickeln, mit Verlust und Wiederherstellung einhergeht. Der Fall des adoptierten Kindes, besonders ein Kind fortgeschrittenen Alters, kann uns etwas über die inneren Prozesse lehren, die ablaufen, wenn das Kind Eltern bekommt. Eine fürsorgende Erwachsene mag die Stelle eines verlassenden Elternteils einnehmen. Aber es ist Sache des Kindes, aus den tatsächlichen Erlebnissen mit den neuen Erwachsenen, die in sein Leben treten, eine innere Repräsentanz zu schaffen. Wenn die Entwicklung ihren natürlichen Lauf nimmt, schafft ein Kind seine inneren Objekte durch intensiven Umgang mit den tatsächlichen Objekten, die für es sorgen. Im normalen Verlauf der Entwicklung wird der Mensch schließlich unterscheiden können zwischen dem inneren und dem äußeren Objekt. Wenn er das erreicht hat, kann er zu einer höheren Beziehungsebene zwischen innerer und äußerer Realität gelangen. Aber für das adoptierte Kind ist der natürliche Prozeß des Umgangs mit einer *wirklichen* Person unterbrochen, und das Kind ist gefordert, noch einmal mit einem anderen Erwachsenen anzufangen. Der Fall von Danny zeigt, daß „noch einmal anfangen" für das Kind bedeutet, in jemandes Psyche repräsentiert zu sein und sich als Teil der Existenz dieser Person zu erleben. Man kann Mahlers Wendung von der psychologischen Geburt umformulieren und hier von einer „psychologischen Schwangerschaft" im Rahmen der Welt der Repräsentanzen eines fürsorgenden Erwachsenen sprechen. Für sein Kind zu sorgen bedeutet, es zu ernähren und seinen Hunger zu stillen, und auch fürsorglich mit seinem Körper und dessen Ausscheidungen umzugehen. Dies sind zwei Weisen, auf die Spannungen des Kindes zu reagieren. Aber über die tatsächliche Fürsorge hinaus dienen beide als Bausteine für das Erlebnis des Kindes, eine sichere Existenz in der Psyche einer neuen und fremden Person zu haben, die auf diese Weise zu seinem Elternteil wird. Das Erlebnis, Eltern zu haben, ist wesentlich für das Kind, nicht zuletzt dafür, daß es ein Gefühl von Sicherheit in seiner eigenen Existenz entwicklen kann.

Aus dem Englischen von Wolfgang Wiedemann.

Literatur

Abrams, D. M. (1991): Looking and looking away. Psychoanalytic Study of the Child. 46: 277–304.
Brinich, P. M. (1980): Some potential effects of adoption on self and object representations. Psychoanalytic Study of the Child 32: 107–133.
Colarusso, C. A. (1987): Mother, is that you? Psychoanalytic Study of the Child 42: 223–237.
Freud, S. (1905): Infantile Sexuality: Three Essays on the Theory of Sexuality. S. E. Bd. 7, S. 185–187.
Goldstein, J.; Freud, A.; Solnit, A. J., Goldstein, S. (1986): In the Best Interest of the Child. New York.
Green, A. (1972): The analyst, symbolization and absence. In: Green, A., On private Madness. Madison, Conn., S. 30–59. (Dt.: Geheime Verrücktheit. Gießen, 2000)
Isaacs, S. (1952): The nature and function of phantasy. In: Klein, M.; Heimann, P.; Isaacs, S.; Riviere, J., Developments in Psycho-Analysis. London, S. 67–121.
Kernberg, O. F. (1992): Projection and projective identification: Developmental and clinical aspects. In: Kernberg, O. F., Aggression in Personality Disorders and Perversions. New Haven, S. 159–174. (Dt.: Wut und Haß. Stuttgart, 1997)
Klein, M. (1952): Some theoretical conclusions regarding the emotional life of the infant. In: Klein, M.; Heimann, P.; Isaacs, S.; Riviere, J., Developments in Psycho-Analysis. London, S. 206–227.
Klein, M. (1955): On Identification. In: Klein, M., Envy and Gratitude. New York, 1957, S. 48–56.
Kohut, H. (1984): The selfobject transferences and interpretation. In: Kohut, H., How Does Analysis Cure? Chicago, S. 192–210. (Dt.: Wie heilt die Psychoanalyse? 2. Aufl. Frankfurt a. M., 1993)

Loewald, H. W. (1973): On internalization. In: Loewald, H. W., Papers on Psychoanalysis. New Haven, 1980, S. 69–86.
Ogden, T. H. (1979): On projective identification. Int. J. Psychoanalysis 60: 357–373.
Riviere, J. (1952): On the genesis of psychical conflict in earliest infancy. In: Klein, M.; Heimans, P.; Isaacs, S.; Riviere, J., Developments in Psycho-Analysis 60: 357–373.
Rosenfeld, H. (1987): Projective Identification in clinical practice. In: Rosenfeld, H., Impasse and Interpretation. New York, S. 157–190.
Sandler, J. (1987): The concept of projective identification. In: Sandler, J. (Hg.), Projection, Identification, Projective Identification. Madison, Conn.
Solnit, A. J. (1982): Developmental perspectives on self and object constancy. Psychoanalytic Study of the Child 37: 201–218.
Wieder, W. (1978): Special problems in the psychoanalysis of adopted children. In: Glenn, J. (Hg.), Child Analysis and Therapy. New York, S. 557–577.
Winnicott, D. W. (1964): Further Thoughts on Babys as Persons. In: Winnicott, D. W., The Child, the Family, and the Outside World. (Dt.: Kind, Familie und Umwelt. München, 1969)
Winnicott, D. W. (1964): Psycho-somatic illness in its positive and negative aspects. In: Winnicott, D. W., Psychoanalytic Explorations. Cambridge, 1980, S. 103–114.
Winnicott, D. W. (1969): The Mother-Infant Experience of Mutuality. Psychoanalytic Explorations. Cambridge, S. 251–260.

Die Autorinnen und Autoren

Shlomith Cohen, Ph. D., ist Dozentin am Israelischen Institut für Psychoanalyse in Jerusalem.

Angelika Holderberg ist analytische Kinder- und Jugendlichenpsychotherapeutin in eigener Praxis in Hamburg.

Dr. med. *Gerald Hüther* ist Professor für Neurobiologie an der Psychiatrischen Klinik der Universität Göttingen.

Prof. Dr. med. *Kai von Klitzing* ist leitender Oberarzt an der Kinder- und Jugendpsychiatrischen Universitäts- und Poliklinik Basel.

Prof. Dr. med. *Peter Riedesser* ist Direktor der Abteilung für Psychiatrie und Psychotherapie des Kindes- und Jugendalters am Universitätskrankenhauses Eppendorf.

Prof. Dr. med. *Michael Schulte-Markwort* ist Stellvertretender Direktor der Klinik für Kinder- und Jugendpsychiatrie und Psychiatrie des Universitätsklinikums Hamburg-Eppendorf.

Dr. med. *Ursula Volz* ist Dozentin und Lehranalytikerin der Psychoanalytischen Arbeitsgemeinschaft Köln-Düsseldorf in Köln (Ausbildungsinstitut der DPV) und arbeitet in eigener psychoanalytischer Praxis in Kamp-Lintfort.

Dr. med. *Joachim Walter* ist Chefarzt des Kinder- und Jugendpsychiatrischen/-psychotherapeutischen Fachkrankenhauses an der Luisenklinik in Bad Dürrheim.